— Band 3 —

NICHT ZU FASSEN
WIE GOTT GEBETE ERHÖRT

Roger J. Morneau

ADVENT-VERLAG

Originaltitel: *When you Need Incredible Answers to Prayer*
© 1995 by Review and Herald Publishing Association,
Hagerstown, USA, alle Rechte vorbehalten.
Deutschsprachige Ausgabe gemäß einer Lizenzvereinbarung
mit dem Copyrightinhaber.

Übersetzung: Lea Riederer
Lektorat: Daniel Wildemann
Korrektorat: Inga Bertz
Einbandgestaltung: Julia Doliwa, Stimme der Hoffnung e.V.
Titelfoto: Shutterstock – Piotr Snigorski
Satz: rimi-grafik, Celle
Gesamtherstellung: Thiele & Schwarz GmbH, Kassel

Die Bibelzitate sind – falls nichts anderes vermerkt ist –
der Bibel nach der Lutherübersetzung (revidiert 2017),
© 2016 Deutsche Bibelgesellschaft, Stuttgart, entnommen.
Ansonsten bedeuten:

EB = *Revidierte Elberfelder Bibel*
 (© 1985/1991/2006 SCM Verlagsgruppe GmbH, Witten)
GNB = *Gute Nachricht Bibel,* revidierte Fassung
 (© 2000 Deutsche Bibelgesellschaft, Stuttgart)
Hfa = *Hoffnung für alle*
 (© 2002 International Bible Society, Basel/Gießen)
NLB = *Neues Leben. Die Bibel*
 (© 2002 und 2006 SCM Verlagsgruppe GmbH, Witten)

© 2019 Advent-Verlag GmbH,
Pulverweg 6, 21337 Lüneburg, www.advent-verlag.de

Das Werk einschließlich aller seiner Teile ist urheberrechtlich
geschützt. Jede Verwertung außerhalb der engen Grenzen
des Urheberrechtsgesetzes ist ohne Zustimmung des Verlags
unzulässig und strafbar. Das gilt insbesondere für Vervielfältigungen, Übersetzungen, Mikroverfilmungen und die
Verarbeitung in elektronischen Systemen.

Alle Rechte vorbehalten – Printed in Germany

ISBN 3-8150-1978-8

Inhalt

Vorwort 7

Kapitel 1
Zwei außergewöhnliche Erfahrungen 9

Kapitel 2
Das Glück einer engen Beziehung zu Christus 23

Kapitel 3
Berge versetzen 45

Kapitel 4
Ich stehe dazu 75

Kapitel 5
Die Last alter Schuld 89

Kapitel 6
Gebetserfahrungen in der Familie 103

Kapitel 7
Erlösung durch eigene Werke 119

Kapitel 8
Fragen meiner Leser 137

Kapitel 9
Erlöstsein 151

*Ich widme dieses Buch
dem Heiligen Geist,
der dritten Person der Gottheit,
die mein Leben täglich
in wunderbarer Weise segnet.*

Vorwort

Streng genommen ist dieses Buch, das Sie gerade in den Händen halten, nicht mein ureigenes Werk und ich will Ihnen erklären, warum:

Kurz nach Erscheinen meines Buches *Nicht zu fassen, wie Gott Gebete erhört, Band 2* erreichten mich dankbare Briefe und Anrufe von Lesern. Unter ihnen gab es allerdings viele, die sich wünschten, das Buch wäre umfangreicher. Sie berichteten, dass die Schilderungen darin sie tief beeindruckt hätten – Berichte davon, wie Gottes Geist Wunder im Leben von Menschen wirkte, die ihren Weg verloren hatten und dann wiederfanden, als jemand für sie betete. „Wann wird Ihr nächstes Buch erscheinen?", fragten sie mich.

„Ich weiß es nicht", war meine übliche Antwort. Daran schloss ich folgende Erklärung an: Ich könne nur dann ein neues Buch schreiben, wenn Menschen ihre Herzen für den Heiligen Geist öffneten und er als Antwort auf ihre Gebete für sie in Aktion treten dürfe.

Schließlich legte ich Gott diesen Wunsch nach einem neuen Buch vor und bat ihn: *O Herr, mein Gott, du weißt, wir leben in einer ganz besonderen Zeit, und deine Kinder machen sich um viele Dinge Sorgen. Einige wünschen sich, dass ich ein weiteres Buch schreibe. Aber ich weiß gar nicht, worüber ich schreiben könnte. Mein Herr, warum lässt du deine Kinder nicht dieses Buch schreiben? Es ist ja dein Heiliger Geist, der segnet und beschenkt, inspiriert und ermutigt, heiligt und veredelt und der vor allem Menschen von ihrer Selbstsucht, der Sünde und aus der Gewalt der bösen Mächte befreit. Dann hätte ich nichts weiter zu tun, als solche wertvollen Erfahrungen sinnvoll zusammenzustellen.*

Gott beantwortete mein Gebet. Und so habe ich keinen Anteil daran, für den ich Lorbeeren ernten könnte!

Es ist vielleicht noch interessant zu erwähnen, dass Gott meinem Dienst seit dem Verfassen meines letzten Buches einen neuen Schwerpunkt verliehen hat: War ich zuvor ein Türöffner, so lehrte er mich nun das Bergeversetzen.

Kapitel 1

Zwei außergewöhnliche Erfahrungen

Unaufhörlich antwortet Jesus auf meine Gebetsanliegen. Er segnet mein Leben pausenlos. Nicht einmal die scheinbar unwichtigsten Details im Leben seiner Kinder sind ihm zu klein. Unser Gott erhält die Atome, aus denen unser Planet und alles besteht, was sich darauf befindet. Und dieser Gott erinnerte mich an seine liebende Fürsorge, indem er sich um ein Detail kümmerte, das manchen Leuten vielleicht unbedeutend erscheint. Er ließ mein Kopiergerät hochqualitative Kopien hervorbringen – ohne ein einziges Tröpfchen Tinte (mehr dazu später). Darüber hinaus gibt mein Herr mir Kraft für meinen unermüdlichen Fürbittedienst, obwohl ich schon siebzig Jahre alt bin. Er schenkt mir jugendliche Fitness. Wenn ich auf all das zurückschaue, was Gott für mich getan hat, bin ich sicher, dass er mit mir sein wird, was immer in der Zukunft auch geschehen mag; selbst dann, wenn es einmal so aussehen sollte, als würde er nicht antworten oder eingreifen. Seine Liebe und Fürsorge werden wie Lichter in meinem Herzen leuchten – ungeachtet dessen, wie dunkel die Welt um mich herum sein mag. Und es sind diese Strahlen seiner göttlichen Liebe und Gnade, die ich hier gerne teilen möchte.

Neu erschaffen

Anfang des Jahres 1991 stellten meine Frau Hilda und ich fest, dass wir uns morgens nach dem Aufstehen nicht mehr so ausgeruht fühlten wie früher.

Wir schrieben das unseren zehn Jahre alten Matratzen und Sprungfederbetten zu und investierten daher in einen hochwertigen Ersatz. Hilda schlief fortan besser, aber für mich verschlechterte sich die Lage eher.

Meine Schmerzen im unteren Rücken nahmen zu, auch im Nacken und in der rechten Schulter wurden sie stärker, und in der linken Hüfte quälte mich ein eingeklemmter Nerv. Nach unserem Umzug nach Kalifornien im April 1992 gab ich Hunderte von Dollar aus, um meine Beschwerden loszuwerden, doch es zeigte sich keine Besserung. Ein Jahr später begannen mich zusätzliche Probleme zu plagen. Meine linke Hüfte verursachte plötzlich so starke Schmerzen, dass ich nicht mehr auf meiner linken Seite liegen konnte. Das jedoch war immer dann nötig, wenn mein krankes Herz zu schmerzen begann. Auf der linken Seite zu liegen war das einzige Mittel, meinem Herzen die nötige Erleichterung zu verschaffen. Mein Arzt meinte, das Alter hole mich eben ein. Er sagte, meine Muskeln, Sehnen und Bänder verloren zusehends an Spannkraft und meine Organe würden dadurch angegriffen. Das alles steigerte meine schon vorhandenen Plagen noch.

Schmerzmittel musste ich vermeiden, da ich wegen meines Herzproblems ohnehin schon täglich fünf verschiedene Medikamente einnehmen musste. Laut meines Arztes hatte die Sorge für mein Herz Priorität. Dehnungsgymnastik half etwas, konnte das Problem jedoch nicht lösen. Dann aber führte mich der Geist Gottes durch eine einzigartige Erfahrung.

Ich erwachte eines Morgens um halb fünf und begann, für verschiedene Menschen auf meiner Gebetsliste zu beten, die sich in besonders großer Not befanden. Anschließend lobpreiste ich meinen himmlischen Vater. Ich dankte ihm für seinen vollkommenen Heilsplan und pries ihn für die zahlreichen Gebetserhörungen im Leben jener Menschen, für die ich gebetet hatte. Dann wiederum sann ich über einige Bibelverse nach, die ich über die Jahre auswendig gelernt hatte. Als sie so an meinen Geist vorüberzogen und mir dabei neue Einsichten brachten, kam mir der Einfall, dass jetzt vielleicht die Zeit gekommen sei, Gott um die Wiederherstellung jener Organe meines Körpers zu bitten, die nun so rasch ihre Kraft einbüßten.

Ich erinnerte mich daran, wie wunderbar Gott meine Gebete erhört hatte, die ich dreißig Jahre lang während meiner Reisen als Akquisiteur für Inserate in den Gelben Seiten formuliert hatte. Jahre zuvor hatte ich Gott mitgeteilt, wie sehr ich mir wünschte, mein Geld in der Nähe meines Heimatorts verdienen zu können, aber ich fand keine entsprechende Arbeit. Ein Text aus dem ersten Timotheusbrief hatte mich dazu bewogen, diese Stelle im Außendienst doch anzunehmen: „Wer sich aber weigert, seine Angehörigen zu versorgen – vor allem die eigenen Familienmitglieder –, der verleugnet damit den Glauben; er ist schlimmer als einer, der von Gott nichts wissen will." (1. Timotheus 5,8 Hfa)

Wenn ich jeweils zum Frühstück und Abendessen in Gaststätten saß (mein Mittagessen bestand aus Obst und Nüssen, die ich im Auto aß), dann legte ich all mein Vertrauen in die Worte des Psalms 91, den ich auswendig kannte und an den ich fest glaubte. Mein Gebet zu Gott lautete in etwa so: *Vater im Himmel, ich schaue auf diese minderwertige Speise vor mir, ich danke dir trotzdem dafür und bitte dich um deinen Segen. Das Leben auf diesem menschenfeindlichen sterbenden Planeten kann sehr beunruhigend sein, daher bitte ich dich, Herr, alle schädlichen Elemente aus dieser Nahrung zu entfernen, sodass sie mich nicht vorzeitig ins Grab bringt. Danke, Vater, für deine Liebe und deine Gnade.*

Wenn ich mich abends ins Bett legte, bat ich meinen Schöpfer immer, er möge mich mit dem „Geist des Lebens in Christus Jesus" (Römer 8,2 EB) segnen, mit jener gewaltigen Macht, die auch Lazarus von den Toten auferweckt hatte; er möge die schädlichen Stoffe, die in meinen Körper gelangten und die ich nicht vermeiden konnte (durch die Nahrung, die ich aß, durch die Luft, die ich atmete, durch das Wasser, das ich trank), unwirksam machen und aus meinem Körper entfernen. Gott erhörte dieses Gebet über viele Jahre hinweg – ich erkrankte nie an Grippe und musste auch nie wegen anderer Krankheiten der Arbeit fernbleiben. Das versetzte meine Arbeitgeber in größtes Erstaunen und gab mir Gelegenheit, meinen Schöpfer dafür zu ehren.

Als ich in jenen frühen Morgenstunden nachdachte, bereitete mich der Heilige Geist darauf vor, ein mächtiges Wunder der göttlichen Gnade zu empfangen. Mir gingen sehr viele Bibelverse durch den Sinn und sie gewannen eine neue Bedeutung für mich. Hier eine kleine Auswahl:

„Der Gott der Hoffnung aber erfülle euch mit aller Freude und Frieden im Glauben, dass ihr immer reicher werdet an Hoffnung durch die Kraft des Heiligen Geistes." (Römer 15,13)

„Wohl dem, dessen Hilfe der Gott Jakobs ist, der seine Hoffnung setzt auf den HERRN, seinen Gott." (Psalm 146,5)

Ich machte mir die göttliche Majestät meines Herrn Jesus in all seiner Herrlichkeit bewusst, als ich betete: „Denn in ihm ist alles geschaffen, was im Himmel und auf Erden ist, das Sichtbare und das Unsichtbare, es seien Throne oder Herrschaften oder Mächte oder Gewalten; es ist alles durch ihn und zu ihm geschaffen. Und er ist vor allem, und es besteht alles in ihm." (Kolosser 1,16–17)

Eine zusätzliche Welle der Begeisterung rollte durch mein Herz, als ich die nächsten Verse sprach: „Denn in ihm wohnt die ganze Fülle der Gottheit leibhaftig, und ihr seid erfüllt durch ihn, der das Haupt aller Mächte und Gewalten ist." (Kolosser 2,9–10)

Doch ein Bibelvers hatte meine Aufmerksamkeit im Laufe dieser Jahre in besonderer Weise gefesselt, obwohl ich ihn nie in seiner vollen Bedeutung erfasst hatte; nun empfand ich ihn als Einladung Gottes, aus mir einen ganz neuen Menschen zu machen: „Wenn aber der Geist dessen, der Jesus von den Toten auferweckt hat, in euch wohnt, so wird er, der Christus von den Toten auferweckt hat, auch eure sterblichen Leiber lebendig machen durch seinen Geist, der in euch wohnt." (Römer 8,11)

Ich berief mich auf diese Verse und betete in etwa folgendes Gebet: *Lieber Vater im Himmel, ich komme jetzt zu dir, um dir zu danken, dass du Christus, den Herrn der Herrlichkeit, in dieses Feindesland gesandt hast, dass er den Weg nach Golgatha auf sich genommen und mich zu diesem unbezahlbaren Preis erlöst hat. Vater, bitte vergib mir, wenn ich dich durch meine Gedanken, Worte oder Taten betrübt oder abgelehnt habe. Und ich danke dir, dass du mir täglich die Verdienste des göttlichen Blutes zuteilwerden lässt, das Christus am Kreuz für meine Erlösung vergossen hat.*

Vater, ich spüre, dass ich in die Jahre gekommen bin, dass mein sterblicher Leib gebrechlich wird und sich die Zeit meines Lebensendes nähert. Ich nehme das so hin, da es das Los aller Menschen ist in dieser gefallenen und sündigen Welt. Doch wenn ich sehe, wie der Heilige Geist das Leben so mancher Menschen gesegnet hat, für die ich bete, kann ich nicht glauben, dass mein Fürbittedienst jetzt schon ein Ende haben soll. Es begeistert mich, dass die Macht der Auferstehung Christi Satans Macht des Todes überwindet[1]. *Ich denke da*

---

[1] Siehe Philipper 3,10 und Hebräer 2,14. (Anm. d. Red.)

besonders an den Fall jener zwei aidskranken Menschen, die vor drei Jahren an der Schwelle des Todes standen und denen unser großer Erlöser wieder vollkommene Gesundheit schenkte.

Und ich möchte dich um eine besondere Segnung aus deiner Hand bitten. Mögest du mich doch nach dem Reichtum deiner Herrlichkeit[2] körperlich stärken und jene Organe, die sich abbauen und mir nun so viele Schmerzen bereiten, zu jugendlicher Kraft erneuern. Du hast uns ja eine solche Hilfe durch den Propheten Jesaja versprochen.[3]

Teurer Vater, ich bitte aber um eine Ausnahme: mein Herz, heile es nicht ganz. Ich befürchte, dass ich, wenn du das tätest, meinen Fürbittedienst nicht länger aufrechterhalten könnte. Ich würde um die ganze Welt fliegen, um Vorträge zu halten, um den Menschen zu erzählen, wie wunderbar es war, einen Fürbittedienst gehabt zu haben. All das würde mich daran hindern, ihn immer noch zu haben. Wie du weißt, benötige ich viel Zeit, für all die Menschen zu beten, und der Zustand meines Herzens erfordert, dass ich daheimbleibe und mich ausruhe. Das wiederum gibt mir die notwendige Zeit für meinen Fürbittedienst. Außerdem, Vater, ist es gut für mich, auf diese Weise demütig zu bleiben. Und was könnte mir meine Hilflosigkeit und Abhängigkeit von dir deutlicher vor Augen führen als ein Herz, das immer wieder stillzustehen droht oder so schmerzt, als wolle es sagen, „ich habe keine Kraft mehr"?

Nun, Vater, ich bin so glücklich über diese Gebetszeit mit dir und weiß, dass die Wiederherstellung der betroffenen Körperteile dazu dienen wird, der heiligen Dreifaltigkeit Ehre zu bringen und meinen Herrn Jesus als den mächtigen Erlöser zu preisen, der er ist. So bitte ich nun um deine Segnungen in Christi herrlichem Namen. Dank dir, Vater, für deine Liebe und deine Gnade.

---

[2] Siehe Epheser 3,16. (Anm. d. Red.)
[3] Siehe Jesaja 40,28–31. (Anm. d. Red.)

Innerhalb von drei Tagen verschwanden alle meine Schmerzen. Die Muskeln, Sehnen und Bänder, die ihre Fähigkeit verloren hatten, meinen Körper richtig zu halten, hatten sich gefestigt. Ich konnte mich nun wieder vollkommen aufrecht bewegen und musste nicht länger gegen meine gebückte Haltung ankämpfen. Und noch etwas anderes Erstaunliches geschah. Ein Geschwür von etwa einem halben Zentimeter Länge und Breite in der Leistengegend verschwand. Ich hatte Gott gebeten, dass sich die Zellen dieses Auswuchses auflösen mögen, wenn das in seinen Augen das Richtige sei.

Um keine Missverständnisse aufkommen zu lassen: Ich bin nicht dagegen, medizinische Hilfe von Ärzten oder Krankenhäusern in Anspruch zu nehmen, wenn ich gesundheitliche Probleme habe. Aber bevor ich Hilfe bei medizinischem Fachpersonal suche, spreche ich immer mit meinem Schöpfer im Gebet. Das hat sich als eine gute Praxis erwiesen.

Während ich diese Zeilen schreibe, sind mehr als zwölf Monate vergangen, seit ich irgendwelche Schmerzen oder Leiden irgendwo in meinem Körper hatte, mit Ausnahme meines Herzens. Ich kann dazu nur sagen: *Ehre sei Gott in der Höhe!*

Ich bin nun in meinen Siebzigern und Gott lehrt mich noch so vieles und Eindrückliches. Ich bin überzeugt davon, dass all das mir noch einen größeren Glauben bescheren wird. Es sind Lektionen, die, so bete ich, mich geistlich stärker machen und in meinem Herzen ein bleibendes Vertrauen in unseren himmlischen Vater und in die Macht seines Heiligen Geistes erhalten mögen.

Nun möchte ich noch eine weitere, ungewöhnliche Erfahrung teilen.

Gottes Wunderkopierer

Am 8. Mai 1991 kaufte ich mir ein Kopiergerät, um all die Briefe, die ich zur Beantwortung zahlloser Gebetsanliegen und Anfragen schreibe, kopieren und aufbewahren zu können. Zwei Jahre später, es war der 10. März 1993, ging die Tintenpatrone zur Neige, als unser Enkel Michael Teile eines Buches damit kopierte. Das Handbuch riet, in solch einem Fall die Patrone um neunzig Grad in beide Richtungen zu drehen, aber das half nicht. Sie war vollständig leer. Ich hatte etwa einen Monat vorher in weiser Voraussicht bei verschiedenen Bürobedarfsgeschäften angefragt, wo ich einen Ersatz zum günstigsten Preis kaufen könne. Das billigste Angebot war eine schwarze Tintenpatrone für neunundsiebzig Dollar. Die Farbpatronen waren natürlich teurer.

Doch ich befand mich gerade in einem finanziellen Engpass. Fünf Tage später, am 15. März, zogen wir in unsere neue Wohnung ein, was mich eintausendzweihundert Dollar kostete. Wir hatten die erste Monatsmiete und eine Kaution von dreihundert Dollar bezahlt. Dann war noch eine zusätzliche Summe von vierhundert Dollar für etwaige Schäden zu hinterlegen, die unser kleiner Hund oder die Katze anrichten könnten. Hilda und ich stellten fest, dass das Leben in Kalifornien teuer ist. So würde der Kopierer mindestens einen Monat lang außer Betrieb sein, bevor ich Geld für ihn ausgeben konnte.

Mitten in der Nacht wurde ich wach und dachte über all die Segnungen Gottes nach, die ich erlebt hatte, und dankte ihm dafür. Der Heilige Geist hatte viele Menschen, für die ich betete, auf wunderbare Weise geführt. Und als ich so betete, wurde mein Herz ganz fröhlich und es drängte mich, Gott um einen besonderen Gefallen zu bitten: *O Herr, mein Gott, wenn es dir gefällt, könntest du bitte dafür sorgen, dass mein Kopierer wieder kopiert? Du weißt, dass ich nur ein begrenztes Einkommen habe und für eine ganze Weile keine neue Tintenpatrone kaufen kann.*

Beim Frühstück erzählte ich meiner Frau Hilda von meinem nächtlichen Gespräch mit Gott und wie sicher ich war, dass wir an diesem Morgen eine Demonstration seiner schöpferischen Macht erleben würden. „Warum sollen wir bis nach dem Frühstück warten, um dieses Wunder zu sehen?", fragte sie. „Lass uns sofort nachschauen!" Wir gingen zum Kopiergerät, platzierten einen Brief unter dem Deckel, legten ein weißes Blatt Papier ein und – siehe da! – eine makellose Kopie kam hervor. Wir lobten und dankten Gott von ganzem Herzen.

Etwa drei Wochen später, es war wieder mitten in der Nacht, dachte ich über die vielen Menschen nach, die mir in ihren Briefen Einblicke in ihr Leben und ihre innersten Gefühle gestatteten. Eine wiederkehrende Sorge, die häufiger zur Sprache kam als andere, war die „Zeit der Trübsal"[4]. Dieses Thema, fand ich heraus, scheint die Gemüter und das Leben der Menschen, die Gottes Gebote halten, zu erschüttern, zu verwirren, zu unterdrücken, zu entmutigen und verzagt zu machen wie kein zweites. Offenbar zerstört allein der Gedanke an die Zeit der Trübsal den Glauben mancher Christen unmittelbar.

Ich wollte den Betroffenen gerne irgendwie helfen. Als ich mit Gott im Gebet über die Furcht dieser Menschen sprach, kam mir plötzlich ein Einfall: *O Herr, mein Gott, dein Volk braucht eine Demonstration deiner Schöpfer-*

---

[4] Der Begriff geht auf eine Prophezeiung aus Daniel 12,1 zurück: „Denn es wird eine Zeit so großer Trübsal sein, wie sie nie gewesen ist, seitdem es Völker gibt, bis zu jener Zeit." (Anm. d. Red.)

macht, ein Zeichen, das die Menschen daran erinnert, auf welche Weise du für sie während der Zeit der Trübsal sorgen wirst, die bald über diese Welt hereinbrechen wird. Teurer Herr, wenn es in deinen Augen richtig ist, würdest du bitte mein Kopiergerät weiterhin hochwertige Kopien machen lassen – auch über den zuvor erbetenen Zeitpunkt hinaus? Da ich diese Erfahrung ja mit anderen Menschen teilen werde, bin ich mir sicher, dass sie unter dem Einfluss deines Heiligen Geistes Wunder bewirken kann für den Glauben vieler deiner Kinder. Danke, Herr, für deine Liebe und deine Gnade.

Seit diesem Gebet sind zweiundzwanzig Monate vergangen. Die Patrone hat schon mehr als dreitausend Seiten bedruckt und sie ist immer noch voll im Einsatz. Der Mann, der mir das Gerät verkauft hatte, meinte damals, die Druckerpatrone würde für etwa eintausendzweihundert Kopien ausreichen.

Wenn Gott willens ist, eine leere Tintenpatrone weiterdrucken zu lassen, wie viel mehr wird er einen jeden von uns durch die Gefahren der Endzeit hindurchbringen! Mein Kopiergerät ist nur eine bescheidene Demonstration von Gottes unendlicher und liebevoller Macht, mit der er sein Volk beschützt, und ich berichte diese Erfahrung, um jeden Leser zu ermutigen.

Ich schätze diese beiden Erfahrungen außerordentlich. Sie zeigen mir, wie wichtig es ist, Gottes reiche Segnungen noch leidenschaftlicher zu suchen. Ellen White schrieb: „Je ernster und unentwegter wir bitten, desto enger wird unsere geistliche Gemeinschaft mit Christus."[5] Mit anderen Worten: Es wird uns durch unser Bitten ein noch wundervolleres Leben mit Gott geschenkt werden.

---

[5] Ellen White, *Bilder vom Reiche Gottes*, Lüneburg 2003, S. 113.

Einer der Beweggründe, Gott um die Erneuerung meiner körperlichen Kräfte zu bitten, war ja der Wunsch, dadurch noch wirkungsvoller tun zu können, was sein Wille ist; besonders für andere zu beten, ohne durch körperliche Schmerzen abgelenkt zu werden. Ein Bibelvers, der mir besonders viel bedeutet, lautet: „Was wir bitten, empfangen wir von ihm; denn wir halten seine Gebote und tun, was vor ihm wohlgefällig ist." (1. Johannes 3,22)

Die Erfahrung mit meinem Kopiergerät fasziniert mich noch immer. Tag für Tag spuckt es deutliche Kopien aus. Vor zwei Monaten ging ich in ein Geschäft und ließ ein Plastikschild von etwa dreißig mal zwanzig Zentimetern Größe anfertigen, auf dem steht:

GOTTES WUNDERKOPIERER
Diesem Gerät ging am 10. März 1993 die Tinte aus.
Es funktioniert jetzt allein durch das Gebet und
produziert schöne, hochwertige Kopien.
EHRE SEI GOTT IN DER HÖHE

Als ich dem Geschäftsinhaber den Entwurf zu diesem Schild überreichte, las er ihn und starrte eine ganze Weile auf die Botschaft, ohne ein Wort zu sagen. Schließlich brach ich die Stille und fragte ihn, was er darüber denke. „Erstaunlich, erstaunlich!", antwortete er. „Welch ein Wunder Sie da erleben, Sir." Wir plauderten noch etwas und dann sagte er zu meiner Überraschung, dass er mir das Schild sehr gerne fünfzig Prozent günstiger verkaufen möchte.

Es ist noch nicht lange her, da benutzte ich den Kopierer, und während ich die Kopien so unaufhörlich herauskommen sah, fragte ich mich, wie lange das noch so gut weiterginge, dass Gott für mich kopierte. Das nächste Blatt Papier kam völlig weiß heraus.

Erschrocken betete ich: *Vater im Himmel, bitte vergib mir, wenn ich dich in Gedanken, Worten oder Taten beleidigt habe. Es ist ja nichts Gutes in mir, Herr. Du hast es mit einem Individuum zu tun, das von Natur aus schlecht ist. Ja, ich bin voller Misstrauen und Unglauben – wie kann man irgendetwas Gutes von mir erwarten? Deshalb, Vater, vertraue ich ganz und gar auf die Verdienste des Blutes Christi, das auf Golgatha vergossen wurde, um die unwürdigen Menschen zu retten, von denen ich einer bin. Danke, Vater, für die Tatsache, dass du mit uns armen Sterblichen nicht nach unseren Sünden handelst und uns nicht nach unserer Missetat vergiltst, sondern Mitleid mit uns hast und daran denkst, dass wir Staub sind.*[6]

Dann legte ich, im vollen Vertrauen auf Gottes Güte, dasselbe weiße Papier in den Kopierer zurück und sah es als tadellose Kopie des Briefes, den ich gerade vervielfältigen wollte, wieder herauskommen. Mich erfüllte eine unsagbar große Freude, als ich erkannte, dass mein himmlischer Vater meine Abhängigkeit von den Verdiensten seines lieben Sohnes als vollkommene Sühne angenommen hatte und dass zwischen uns alles wieder gut war.

Es ist höchst interessant, die verschiedenen Reaktionen der Leute zu beobachten, die in mein Arbeitszimmer kommen und das Schild auf dem Kopierer lesen. Meine Frau kann ihre Reaktionen noch besser beobachten als ich, denn ich erzähle meist die Geschichte des Kopierers. Ich entferne den Briefkorb, der auf seinem Deckel steht, schalte das Gerät ein und kopiere den kurzen Artikel, den ich darüber geschrieben habe, für unsere Gäste.

Vor einiger Zeit besuchten uns zwei Damen aus Utah; sie begleiteten unsere Tochter, die auf Stippvisite

---

[6] Vgl. Psalm 103,10.14.

vorbeikam. Als ich eine Fotokopie aus dem Gerät holte und sie einer der Frauen überreichte, nahm sie sie sehr sorgfältig mit beiden Händen entgegen, als wäre sie aus feinstem Kristall. „Das ist ein Wunder", sagte sie, „das ist ein Wunder!"

Kürzlich läutete es an unserer Haustür. Hilda öffnete. Ein Mann hielt eines meiner Bücher über das Gebet hoch und fragte sie: „Bin ich hier richtig?"

Meine Frau bat ihn herein. Er war sieben Stunden gefahren in der Hoffnung, mit mir sprechen zu können. Es war elf Uhr vormittags und ich hatte eigentlich beschlossen, an diesem Tag keine Besucher zu empfangen, um möglichst lange an meinem Buch schreiben zu können. Aber als ich sein sorgenvolles Gesicht sah, brachte ich es nicht übers Herz, ihn abzuweisen.

Ich nahm mir zwei Stunden Zeit für ihn, wir sprachen über die tiefen Geheimnisse Gottes und der Heilige Geist segnete uns beide. Bevor er wieder ging, lud ich ihn in mein Arbeitszimmer ein, um ihm Gottes Wunderkopierer zu zeigen. Als er die Kopie, die ich für ihn gemacht hatte, in den Händen hielt, konnte ich sehen, dass er sehr bewegt war. Zum Abschied sagte er, die Reise sei ein sehr großer Segen für ihn gewesen.

Es ist wunderbar, den Geist Gottes wirken zu sehen, wie er die Gedanken der Menschen zu Jesus Christus, ihrem Freund und Erlöser, lenkt. Und für mich ist es großartig, einen kleinen Teil dazu beitragen zu dürfen.

Kapitel 2

Das Glück einer engen Beziehung zu Christus

Mir scheint, als erfasse die Menschen, die Gottes Gebote halten, ein intensiver geistlicher Hunger. In den Jahren nach Erscheinen meines ersten Buches über das Gebet erreichten mich Hunderte von Briefen und Telefonaten, in denen ich gefragt wurde, wie man enger mit Jesus verbunden sein könne. In den vergangenen zwölf Monaten fiel mir auf, dass sehr viele Menschen die Formulierung „eine feste Beziehung" für die Sehnsucht, ihrem Erlöser näherzukommen, benutzen. Eine Freundin aus New York schrieb: „Jetzt, da mein Mann und ich im Ruhestand sind, widme ich unseren fünf erwachsenen Kindern und ihren Familien mehr Zeit im Gebet, damit sie eine feste Beziehung zu Christus haben." Ein Leser sagte: „Ich brauche eine feste Beziehung zu meinem Herrn." Ein anderer kommentierte: „Der Hauptgrund dafür, dass ich deine wertvolle Zeit in Anspruch nehme, ist, dass ich eine feste Beziehung zu meinem Herrn Jesus brauche und will – bitte hilf mir dabei!"

Die Tatsache, dass so viele Menschen diese ausdrückliche „feste Beziehung" suchen, lässt mich glauben, dass der Heilige Geist das Volk Gottes auf eine ganz besondere Weise bewegt. Er will es mit Christus vereinen und es ihm so immer wesensähnlicher machen.

Vor etwa einem Jahr erhielt ich einen Brief von einem Mann, der im Marketing arbeitet – nennen wir ihn Herrn T. Ihm war viel daran gelegen, Christus ähnlicher zu werden, und er bat mich um meine Telefonnummer. Bald darauf rief er mich an. Nachdem er mir von seinen Erfolgen im Geschäftsleben erzählt hatte, sagte Herr T., dass er nun aber seine Aufmerksamkeit auf die Suche nach einer engeren Beziehung zu Jesus Christus richten wolle. Wir unterhielten uns etwa zwei Stunden, und vieles von dem, was wir besprachen, werde ich in diesem Kapitel behandeln.

Seine erste Frage war, wo er anfangen solle. Ich antwortete, dass die Bibel uns sage: „Alles, was gut und vollkommen ist, wird uns von oben geschenkt, von Gott, der alle Lichter des Himmels erschuf. Anders als sie ändert er sich nicht, noch wechselt er zwischen Licht und Finsternis." (Jakobus 1,17 NLB)

Laut dieses Bibeltextes gibt es für das Ziel einer festen Beziehung zu Christus keinen besseren Weg, als mit unserem himmlischen Vater im Gebet darüber zu sprechen. Meiner Erfahrung nach können wir unsere Gedanken am besten auf ihn richten, wenn wir mit ihm im Gebet über seinen Sohn und dessen göttlichen Charakter reden. Ein Erlebnis nach meiner Aufnahme in die Kirche der Siebenten-Tags-Adventisten prägte mir das für immer ein.

Damals arbeitete ich als Buchevangelist und verkaufte unsere Bücher an die französischsprachige katholische Bevölkerung von Quebec, und das mehr als sechs Jahre lang. In den ersten zweieinhalb Jahren glitt ich unmerklich in eine Haltung der Werksgerechtigkeit ab, während ich gleichzeitig ständig um den Segen Gottes für mein Leben bat. Dann half Gott mir zu verstehen, dass er nicht bereit war, mich auf diese Weise zu segnen. Er konnte mir nicht antworten, weil ich einen falschen Zugang hatte. Es war eine bittere Erfahrung für mich. Aber nachdem ich meinen werksgerechten Ansatz aufgegeben hatte, konnte Gott meine Gebetsanliegen erfüllen. Heute sehe ich das als eine Art Jona-Erfahrung. Damals beschlossen Hilda und ich, die ganze Begebenheit für uns zu behalten und niemandem davon zu erzählen. Doch neulich entschieden wir uns anders – denn vielleicht kann jemand von unserer traurigen Erfahrung profitieren. Ich werde in einem späteren Kapitel mehr darüber schreiben.

Da nun jede gute und vollkommene Gabe vom Vater kommt, riet ich Herrn T., eine besondere Gabe des Heiligen Geistes zu suchen, die es ihm ermöglichte, das Thema Christusähnlichkeit in seinem Leben besser zu verstehen, zu schätzen und letztlich zu erlangen. Das wiederum würde ihn dazu bringen, so zu denken, wie Jesus denkt, und so zu fühlen, wie Jesus fühlt. Dann würde er die Dinge tun und genießen, die unserem Erlöser gefallen.

„Könnte es sein, dass meine Gebete Gott nicht erreichen?", fragte Herr T. plötzlich. „Manchmal habe ich diesen Eindruck."

Das sei eine gute Frage, antwortete ich ihm, und wies ihn auf Beispiele in der Bibel hin, in denen das Volk Gottes dessen Hilfe abgelehnt hatte, weil es gegen sein Gesetz oder einen Befehl verstoßen hatte. Zum Beispiel als die Israeliten die Stadt Ai angegriffen hatten (siehe Josua 7). Auch Jesaja 59,1–2 betont, dass Sünde wie eine Isolationsschicht zwischen Gott und der Menschheit wirkt. Sie unterbricht jede Kommunikation zwischen Gott und den Menschen. Herr T. versicherte mir schnell, dass er am Ende eines jeden Tages alle seine Sünden bekenne und alle Angelegenheiten mit Gott in Ordnung bringe.

Nachdem wir uns eine Weile lang über das Problem der Sünde in unserer modernen Zeit ausgetauscht hatten, machte ich Herrn T. auf einen Faktor aufmerksam, den einige womöglich als zu klein, zu unbedeutend ansehen mochten, um sich damit zu beschäftigen. Ich schenke ihm jedoch in meiner Beziehung zu Gott sehr sorgfältige Beachtung. Es ist das Element der Ungerechtigkeit.

In 1. Johannes 1,9 ist zu lesen: „Wenn wir aber unsre Sünden bekennen, so ist er treu und gerecht, dass er uns die Sünden vergibt und reinigt uns von aller Ungerechtigkeit." Es ist meine feste Überzeugung, dass es die kleinen Dinge sind, die von der Kanzel nie zu hören sind und so oft verhindern, dass unsere Gebete Gott erreichen. Herr T. rief plötzlich begeistert aus: „Herr Morneau, ich glaube, dass das, was Sie sagen, mein Leben auf eine außergewöhnliche Weise verändern wird. Bitte erklären Sie mir im Detail, wie Sie zu dieser Überzeugung gelangt sind."

Ich erzählte ihm von einem Erlebnis, das ich im Alter von sechs Jahren gehabt hatte. Im Herbst 1931 brachte mein Vater den ersten Radioapparat mit nach Hause. Wenn ich mich recht erinnere, waren wir die erste Familie im Umkreis von vielen Kilometern, die eines dieser Wundergeräte besaß. Es brachte uns die Abendnachrichten aus der Stadt Quebec; zumindest dann, wenn nichts das Signal der Funkturmanlagen störte. Es war für uns Kinder sehr aufregend zu beobachten, wie die Männer das hundert Meter lange Antennenkabel vom Dach unseres Hauses zu einem Nachbarn hin installierten.

Sehr häufig machten es Störungen fast unmöglich, die Sendung gut zu hören und allen Worten zu folgen. Auch das Nachstellen der Reguliervorrichtung war zeitweise ein Ding der Unmöglichkeit. Pfeifen, Knistern, Quietschen und andere Geräusche übertönten das Signal. Dann, im Jahr 1937, kaufte mein Vater ein neues, verbessertes Modell, das Störungen herausfiltern konnte, bevor sie den Empfänger erreichten. Wir staunten über die Klarheit, mit der der Sprecher nun zu hören war. Am 25. Dezember hörten wir den Papst seine Weihnachtsbotschaft aus Rom verkünden und am 1. Januar hörten wir, wie der König von England dem Vereinigten Königreich seinen Neujahrsgruß überbrachte.

Die Radiotechnologie hatte einen Weg gefunden, jene Hindernisse zu beseitigen, die zuvor die elektronische Kommunikation blockiert hatten. Diese besondere Erfahrung beeindruckte mich zutiefst und im Laufe der Jahre veranlasste mich die Analogie zum Gebet dazu, mich doppelt zu vergewissern, dass weder Sünde noch Ungerechtigkeit meine Gebete daran hindern, von Gott erhört zu werden.

Herr T. bat mich, ihm zu beschreiben, mit welchen Worten ich meine Gebete eröffne. Ich habe es mir zur Lebensregel gemacht, nie etwas vom Herrn zu erbitten, ohne ihn vorher darum gebeten zu haben, mir zu vergeben, falls ich mich durch Gedanken, Worte oder Taten von ihm getrennt habe. Selbst wenn ich erst eine halbe Stunde zuvor mit dem Herrn im Gebet gesprochen habe, erhebe ich, wenn ich wieder bete, zuerst mein Herz in Danksagung zu Gott, und stelle sicher, dass nichts zwischen uns gekommen ist.

Lieber Vater im Himmel, ich freue mich so sehr über die Fülle deiner liebevollen Gaben und ich danke dir erneut für dein unendliches Erbarmen, dein Mitgefühl, deine Segnungen und deine Gnade, die du mir und den Menschen, für die ich bete, unaufhörlich erweist. Mein Herz sehnt sich nach dir, o Gott, zugleich weiß ich, dass Sünde und Ungerechtigkeit uns von dir trennen. Darum, Vater, wenn ich auf irgendeine Weise zugelassen habe, dass Gedanken, Worte oder Taten unseren Kommunikationskanal blockieren, bitte ich dich um Vergebung. Ich danke dir, dass du mir die Verdienste des göttlichen Blutes, das Christus auf Golgatha für meine Erlösung vergossen hat, zugerechnet hast.

Der Hauptgrund, warum ich meine Gebete so beginne, ist die Tatsache, dass wir in einer bösen, verderbten und schlechten Generation leben. Unmoral herrscht vor und erfüllt unseren Geist mit unreinen Gedanken. Gedanklicher Schmutz verunreinigt alle, deren Herzen nicht durch die Kraft des Geistes Gottes rein gehalten werden. An diesen Bibelvers erinnere ich mich oft: „Wer darf auf des HERRN Berg gehen, und wer darf stehen an seiner heiligen Stätte? Wer unschuldige Hände hat und reinen Herzens ist." (Psalm 24,3–4)

Dass ich im Laufe der Jahre eine große Anzahl von Bibeltexten auswendig gelernt habe, ermöglicht es dem Heiligen Geist, meinen Kopf mit Erkenntnissen über geistliche Dinge zu füllen. Er benutzt diese Verse, um mich zu einem gerechten Leben anzuspornen.

„Gibt es in meinem Alter – ich bin Mitte fünfzig – noch einen Weg, wie ich Bibelverse auswendig lernen kann?", fragte Herr T. „Haben Sie irgendwelche Tipps für mich, die das Auswendiglernen erleichtern und angenehm machen würden? Mir fiel es schon immer schwer, so zu lernen."

Ich versicherte ihm, dass das Alter nichts mit dem Erfolg des Auswendiglernens zu tun habe. Selbst in meinem fortgeschrittenen Alter trage ich in meinen Taschen immer noch Zettel mit Bibelstellen, die ich auswendig lerne, wenn mein Kopf nicht mit anderen Dingen beschäftigt ist.

Ich sagte ihm, dass ich nur zwei Regeln befolge. Erstens versuche ich nie, etwas auswendig zu lernen, ohne Gott zuvor um die Kraft des Heiligen Geistes gebeten zu haben. Ich bitte ihn, meinen Geist dazu zu befähigen, zu begreifen und zu behalten, was ich mir einprägen möchte. Die andere Regel mag ein wenig kindisch erscheinen, aber für mich funktioniert sie noch immer. Mein Vater brachte sie mir bei, als ich mit sieben Jahren den katholischen Katechismus auswendig lernen sollte.

Ich halte es für sehr hilfreich, jede Zeile und jedes Wort genau so abzuschreiben, wie sie auf einer Seite erscheinen. So mache ich mir zahlreiche mentale Bilder von einem Text, den ich auswendig lernen möchte. Ich kann die Stelle noch Jahre später frei zitieren, da ich im Geist genau die Seite sehe, von der ich sie abgeschrieben habe; auch ob die Worte oben, in der Mitte oder unten standen. Hilfreich ist es ebenso, die betreffenden Zeilen zu unterstreichen.

Und nun kann ich ein mentales Foto machen: Ich richte meine ganze Aufmerksamkeit auf die unterstrichene Stelle, dann drücke ich den Auslöser und schieße ein mentales Bild davon. Danach schaue ich vom Buch oder von meiner Abschrift – sozusagen meinem Backup in der Jackentasche – weg und lese den Satz aus dem Bild ab, das ich mir davon im Kopf gemacht habe.

Da der Eindruck auf den eigenen Geist zunächst sehr schwach sein kann, muss man dieses Vorgehen einige Male wiederholen, um das innere Bild zu schärfen. Wenn ich das Gefühl habe, diesen einen Satz gut zu behalten, gehe ich zum nächsten und folge dem gleichen Muster. Damit fahre ich fort, bis ich den gesamten ersten Absatz gemeistert habe. Sollte ich eine Zeit lang unterbrochen werden, lese ich bei der ersten Gelegenheit das in meinem Kopf gespeicherte Bild erneut. Wenn es verblasst ist und ich mir nicht sicher bin, wie der Durchgang verlaufen ist, gehe ich zurück zum Buch oder zu meinem Back-up, das ich bei mir trage. Ich verstärke das geistige Bild, indem ich es wieder und wieder lese, bis das Material zu einem Teil von mir geworden ist. Damit ist man in der Lage, sich daran zu erinnern und es Tage später ohne Anstrengung in Erinnerung zu rufen und zu zitieren. Man sollte vor allen Dingen wie gesagt aber nicht versuchen, etwas auswendig zu lernen, ohne den Herrn vorher um seinen Segen gebeten zu haben.

Ich versicherte Herrn T., dass dieses Vorgehen für Menschen jeden Alters gut funktioniert. Vor etwas mehr als einem Jahr gab ich mein Rezept an einen klugen knapp zweiundzwanzigjährigen jungen Mann namens Michael weiter, der das Wort Gottes in Bezug auf die Glaubensüberzeugungen der Siebenten-Tags-Adventisten studierte. Der Geist Gottes segnete ihn dabei so sehr, dass er sich bald eine große Anzahl an Bibelversen einprägte und nun an ganzen Kapiteln arbeitet. Vor etwa sechs Monaten wurde Michael in einer Adventgemeinde im kalifornischen Escalon getauft. Der junge Mann hat diese feste Beziehung zu Christus gefunden. Einer der Gründe, warum ich so begeistert von seiner Erfahrung bin, ist, dass es sich dabei um meinen Enkel handelt.

In einem anderen Fall teilte mir eine vierundachtzigjährige Frau voller Begeisterung mit, dass sie besondere Verse der Bibel auswendig lerne, um so andere zu ermutigen und ihnen zu helfen, einen wahren Freund in Jesus zu finden. Die Frau erzählte mir, wie sich ihre Beziehung zu Jesus intensiviert habe, seit sie begonnen hätte, sich Bibelverse zu merken. Wenn ich von solchen Erfahrungen höre, bestärkt mich das in meinem Glauben, dass das Wort Gottes in der Tat ein göttlicher Weg der Kraft und des Lebens ist.

Diese Großmutter stellte eine interessante Frage: „Eine meiner Freundinnen meint, es sei doch verrückt, dass ich in meinem Alter das Wort Gottes auswendig lerne. Herr Morneau, glauben Sie, dass meine Freundin recht hat?"

Ich schwieg und betete innerlich zum Herrn: *Lieber Jesus, bitte hilf mir!* Ich musste ihr eine rasche und intelligente Antwort geben; von Natur aus neige ich dazu, die Dinge eher langsam zu überdenken, bevor ich zu einem Schluss komme – das heißt, ich habe nicht die Fähigkeit, spontan das Richtige zu sagen, auf die richtige Weise, zur richtigen Zeit. So habe ich in meiner Hilflosigkeit gelernt, gleich um göttlichen Beistand zu bitten. Dann fühle ich immer eine große Ruhe, die über mich kommt, wenn Gott mir die Worte gibt, die ich brauche.

„Liebe Schwester", antwortete ich, „ich glaube, dass ihr beide über verschiedene Zeiträume redet. Deine Freundin hat die Zeitspanne vor Augen, die eine vierundachtzigjährige Person im Durchschnitt in diesem gegenwärtigen Leben noch zu erwarten hat, und du denkst an die Jahre, die euch hier noch bleiben, plus die unbegrenzte Zeit auf der neu geschaffenen Erde. Dort wirst du für immer leben und dir Wissen aneignen, das dir reichere und noch herrlichere Offenbarungen über Gott und Christus schenkt."

Voller Freude erwiderte sie: „Ja, das ist es, was ich will, dafür lebe ich und ich fühle mich Jesus so viel näher, indem ich mir das Wort Gottes merke. Herr Morneau, könnten Sie mir ein paar Bibelverse oder anderes Material geben, das mir hilft, mehr über das ewige Leben zu erfahren, wie Sie es gerade beschrieben haben? Es würde mich sehr ermutigen."

Ich verwies sie auf Jesaja 65,17–25, wo vom ewigen Leben auf der Neuen Erde die Rede ist, und zitierte drei Absätze aus dem Buch *Der große Kampf* von Ellen White. Darin beschreibt sie die großartige Erfahrung, die die Erlösten jubeln lassen wird:

Dort werden unsterbliche Wesen mit nie nachlassender Freude über die Wunder der Schöpfermacht und die Geheimnisse der erlösenden Liebe nachdenken. Da wird es keinen grausamen und betrügerischen Feind mehr geben, der uns verführen kann, Gott zu vergessen. Jede Fähigkeit wird entwickelt, jede Begabung vermehrt werden. Wachsendes Wissen wird den Geist weder ermüden noch erschöpfen. Die größten Unternehmungen können durchgeführt, die erhabensten Wunschträume erfüllt, höchste Ziele verwirklicht werden. Und immer noch können neue Höhen erklommen, neue Wunder bestaunt, neue Wahrheiten begriffen werden. Stets neue Aufgaben fordern die Kräfte des Geistes, der Seele und des Körpers heraus. […] Und die dahingehenden Jahre der Ewigkeit bringen immer reichere und herrlichere Offenbarungen Gottes und Christi hervor. Wie sich die Erkenntnis mehrt, so nehmen auch Liebe, Ehrfurcht und Glück ständig zu. Je mehr die Menschen über Gott erfahren, desto größer wird die Bewunderung für das Wesen Gottes. Wenn Jesus vor ihnen die tiefsten Wunder der Erlösung und die erstaunlichen Erfolge in der großen Auseinandersetzung mit Satan offenlegt, werden die Freigekauften von noch herzlicherer Zuneigung ergriffen sein. Mit noch leidenschaftlicherer Freude lassen sie dann die goldenen Harfen erklingen. Zehntausend mal zehntausend und tausend mal tausend Stimmen vereinen sich zu einem mächtigen Lobgesang. „Und jedes Geschöpf, das im Himmel ist und auf Erden und unter der Erde und auf dem Meer und alles, was darin ist, hörte ich sagen: Dem, der auf dem Thron sitzt, und dem Lamm sei Lob und Ehre und Preis und Gewalt von Ewigkeit zu Ewigkeit!" (Offb 5,13) Der große Kampf ist zu Ende. Sünde und Sünder gibt es nicht mehr. Das ganze Universum ist rein. Eintracht und Freude durchdringen alle Bereiche der unermesslichen Schöpfung. Von dem, der alles schuf, strömen Leben, Licht und Freude durch alle Bereiche des grenzenlosen Raums. Vom kleinsten Atom bis zum größten Weltenkörper verkündet alle lebende und unbelebte Natur in ihrer ungetrübten Schönheit und vollkommenen Freude: Gott ist Liebe.[1]

Als ich eine Pause machte, hörte ich sie schluchzen. Ich fragte: „Schwester, geht es dir gut?" Sie versicherte mir, dass alles in Ordnung sei und ihr die Tränen sicherlich deshalb gekommen seien, weil der Heilige Geist ihr Herz berührte und ihr bewusst machte, was Jesus alles für ihre Erlösung getan hätte. Sie wollte wissen, wie ich mir so viel Schönes und Inspirierendes eingeprägt habe. Ich berichtete, dass ich in den Jahren, in denen ich als Vertriebsleiter für die Telefonbuchabteilung von Continental Telephone tätig gewesen war, bis zu sechzigtausend Kilometer pro Jahr gefahren sei. Einen großen Teil dieser Fahrzeit hätte ich nicht nur damit verbracht, mir bestimmte Daten einzuprägen, die für meine Arbeit wichtig waren, sondern auch Literatur, die meinen christlichen Glauben stärkte. (Ich sollte hier vielleicht noch erwähnen, dass ich manchmal Stunden damit verbrachte, die Bibel und Schriften von Ellen White zu zitieren, besonders nachts, um nicht am Steuer einzuschlafen.)

Nachdem ich Herrn T. noch zwei oder drei weitere Erfahrungen von Menschen berichtet hatte, die eine neue und stärkere Beziehung zu Christus genossen, merkte er an, dass diese Personen eine neue Quelle der Kraft für ihr Leben entdeckt haben mussten. „Eine, die schon immer existierte", fügte ich hinzu, „aber die sie aus Unkenntnis nicht genutzt haben." Ich unterstrich die Tatsache, dass wir in unserem Kampf gegen das eigene Ego, gegen die Sünde und gegen die Macht der gefallenen Engel die mächtige Kraft des Schöpfergottes brauchen. Und dass eine solche göttliche Kraft

---

[1] Hier zitiert nach der Neuausgabe: Ellen White, *Vom Schatten zum Licht*, Zürich/Wien 2016, S. 620–621. (Anm. d. Red.)

nur durch den Heiligen Geist in unser Leben kommen kann. Um diesen Punkt zu verdeutlichen, zitierte ich einen weiteren Abschnitt von Ellen White:

> Christus erklärte, dass der göttliche Einfluss des Geistes bis zum Ende bei seinen Nachfolgern sein werde. Diese Verheißung wird aber nicht gebührend geschätzt, und deshalb zeigt sich auch ihre Erfüllung nicht, wie es der Fall sein könnte. Es wird über die Gabe des Geistes nur wenig nachgedacht; die Folge davon sind, wie nicht anders zu erwarten, geistliche Dürre, geistliche Finsternis, geistlicher Verfall und Tod. Geringere Dinge beschäftigen die Aufmerksamkeit; an göttlicher Kraft, die zum Wachstum und Gedeihen der Gemeinde notwendig ist und alle anderen Segnungen im Gefolge hätte, mangelt es, obwohl sie in unermesslichem Reichtum angeboten wird.[2]

„Das ist doch unglaublich", sagte Herr T., „hier sind wir, Gottes Volk, und treten Jahr für Jahr auf der Stelle. Wir tun alles, was wir nur können, um Gott nahezukommen – nur das einzig Richtige nicht. Unsere Gebete bleiben unbeantwortet, und wir haben uns so sehr daran gewöhnt, dass wir uns, wenn denn mal einige erhört werden, überrascht fragen, ob es noch mal funktioniert." Ich stimmte ihm zu und hielt einen Moment lang inne, um zu sehen, wohin der Geist Gottes das Gespräch führen würde.

„Würden Sie diese Passage bitte noch einmal zitieren?", bat er mich. „Ich möchte noch einmal hören, wie es dazu kommt, dass die Verheißung des Heiligen Geistes nicht gewürdigt wird."

„Sehr gerne", antwortete ich, „aber vorher muss ich Sie darauf aufmerksam machen, dass wir nun schon

---

[2] Ellen White, *Aus der Schatzkammer der Zeugnisse,* Bd. 3, Hamburg 1988, S. 180–181.

über eine Stunde telefonieren. Dieses Ferngespräch wird Sie sicherlich ein Vermögen kosten!" Die Kosten kümmerten ihn nicht; vielmehr erklärte er, dass das geistliche Wohlergehen seiner Kinder und deren Familien ihm alles bedeute.

Also setzte ich unser Gespräch fort und betonte, wie wichtig es sei, anderen Menschen Christus als den großen Erlöser nahezubringen, der er ist, und jede Segnung Gottes, die wir in unserem Leben und im Leben derjenigen erfahren, für die wir bitten, auf das Wirken des Heiligen Geistes zurückzuführen. Er bat mich, dies näher zu erklären.

Ich verwies ihn auf ein Kapitel in der Bibel, das ich über alles schätze und das ich persönlich als „Powerkapitel" bezeichne: Matthäus 27. Ich habe es mir zur Gewohnheit gemacht, die Verse 24 bis 54 täglich zu lesen, um mir so stets der Opfertat Jesu bewusst zu sein, die für meine Erlösung notwendig war.

Obwohl ich nur vier Minuten brauche, um diesen Abschnitt zu lesen, erfüllt der Geist Gottes mein Denken für den Rest des Tages mit inspirierten Eindrücken dazu. Der Bericht führt von der Richterhalle des Pilatus bis nach Golgatha, wo der Sohn Gottes an einem Kreuz starb. Ich habe selbst die große Kraft erfahren, die in den Verdiensten des Blutes Christi liegt, sowie die enorme geistliche Kraft, die ich erhalte, wenn ich meine Aufmerksamkeit auf das Geschehen auf Golgatha richte. Wenn man über den Tod Christi nachdenkt, wird man vom eigenen Ich befreit.

Damit die göttliche Kraft in unserem Leben und unseren Gebeten wirksam werden kann, müssen wir vor Gott dem Vater unsere eigene Nichtigkeit anerkennen. Mit anderen Worten: Wir müssen uns als arme Sterbliche betrachten, die zu nichts taugen. Die Bibel sagt: „Wir alle sind von Unrecht befleckt; selbst unsere allerbesten Taten sind unrein wie ein schmutziges Kleid." (Jesaja 64,5 GNB)

Wenn wir diese Tatsache vor dem Vater bekennen und um die Verdienste des Blutes Christi als unser einziges Heilmittel flehen, dann wird der Vater uns mit dem „Bad der Wiedergeburt und Erneuerung im Heiligen Geist" segnen, von denen in Titus 3,5 die Rede ist. Die Antworten auf unsere Gebete werden dann mit Kraft erfüllt sein, und der Heilige Geist wird Wunder der Erlösung im Leben derjenigen vollbringen, für die wir beten. Der Geist wird so wirken, wie er es im Neuen Testament für die ersten Christen tat.

„Unmittelbar bevor Christus am Kreuz starb", erklärte ich Herrn T., „nahm die Schöpfermacht eine neue Dimension an. Sie wurde zur erlösenden Kraft, Gottes Erlösermacht." Ich zitierte einen Abschnitt aus dem Buch *Das Leben Jesu*:

> Plötzlich lichtete sich das Dunkel um das Kreuz, und mit heller, klarer Stimme, die durch die ganze Schöpfung zu hallen schien, rief Jesus aus: „Es ist vollbracht!" (Joh 19,30) „Vater, ich befehle meinen Geist in deine Hände!" (Lk 23,46) Ein Licht umstrahlte das Kreuz, und das Angesicht des Erlösers leuchtete im Glanz der Herrlichkeit auf, hell wie die Sonne. Dann neigte er sein Haupt auf die Brust und verschied. […] Ein lautes Grollen wie schwerer Donner war zu hören, und die Erde bebte heftig. Die Menschen wurden umhergeworfen, es entstand ein wildes Durcheinander, und Panik machte sich breit. In den umliegenden Bergen zerbarsten die Felsen und stürzten donnernd in die Tiefe. Gräber taten sich auf und Tote wurden herausgeworfen (vgl. Mt 27,51). Es schien, als würde die ganze Schöpfung in kleinste Teile zerfallen.[3]

---

[3] Hier und im Folgenden zitiert nach: Ellen White, *Sieg der Liebe*, Zürich/Wien 2016, S. 736–737. (Anm. d. Red.)

Der Bericht des Evangelisten Matthäus über dieses Ereignis ist höchst interessant:

> Aber Jesus schrie abermals laut und verschied. Und siehe, der Vorhang im Tempel zerriss in zwei Stücke von oben an bis unten aus. Und die Erde erbebte, und die Felsen zerrissen, und die Gräber taten sich auf und viele Leiber der entschlafenen Heiligen standen auf und gingen aus den Gräbern nach seiner Auferstehung und kamen in die heilige Stadt und erschienen vielen. Als aber der Hauptmann und die mit ihm Jesus bewachten das Erdbeben sahen und was da geschah, erschraken sie sehr und sprachen: Wahrlich, dieser ist Gottes Sohn gewesen! (Matthäus 27,50–54)

Jedes Mal, wenn ich diese fünf Bibelverse lese, kommt mir unweigerlich ein weiteres lieb gewordenes Zitat aus dem Buch *Das Leben Jesu* in den Sinn: „Die Liebe zu seinem Vater, der Eifer für Gottes Ehre und die Liebe zur gefallenen Menschheit ließen Jesus auf diese Erde kommen, um zu leiden und zu sterben. Dies war die treibende Kraft in seinem Leben. Er fordert uns auf, diese Prinzipien zu übernehmen."[4]

Seit ich diese Aussagen kenne und ich zum ersten Mal eine feste Beziehung zu Christus suchte, machte ich sie zum Gegenstand des Gebets. Ich flehte zu Gott dem Vater, mir seine Gerechtigkeit zu schenken und in mir einen christusähnlichen Charakter zu entwickeln. Ich erinnere mich noch gut daran, wie der Geist mir dann die göttliche Liebe Jesu zur gefallenen Menschheit vermittelte und wie ich infolgedessen von tiefer Sorge um das Wohl anderer Menschen erfüllt wurde. Das trieb mich dazu, mit großem Ernst zu beten, Gottes Heiliger Geist möge den Menschen, für die ich betete, die Gnade der Erlösung schenken.

---

[4] Ebenda, S. 312.

Es war auch die Zeit, in der ich erlebte, wie meine Gebete auf wunderbare und aufregende Weise erhört wurden. Wie ich bereits im Vorwort erwähnte, hat mich der Herr seit Erscheinen meines letzten Buches über das Gebet[5] von meiner Funktion als Türöffner weggeführt. Nun gebraucht er mich dazu, für andere Berge zu versetzen. Und da ich Menschen helfe, eine feste Beziehung zu Christus aufzubauen, öffnen auch ihre kraftvollen Gebete dem Heiligen Geist den Weg, wiederum Berge zu versetzen für andere, denen der Weg zur Erlösung versperrt war.

Ich glaube, dass auf der Neuen Erde all jene Menschen die größte Freude erleben dürfen, die sich in diesem gegenwärtigen Leben in das Werk des Bergeversetzens für Gott einbringen. Dann wird uns ein Engel des Herrn mit jenen Menschen bekannt machen, deren Erlösung auf unsere wirksamen Gebete zurückzuführen ist. Gebete, die dem Heiligen Geist den Weg öffneten, die großartige Erlösung für diesen einen Menschen zu bewirken. Ich kann mir vorstellen, wie begeistert wir sein werden, wenn wir diesen Menschen begegnen.

Vor einiger Zeit fragte mich ein Pastor, der meine Bücher über das Gebet gelesen hatte und dem sie gefielen, warum ich so ein großes Gewicht auf die Kreuzigung auf Golgatha legte. „Ich selbst könnte viele theologische Gründe anführen, doch was steht für dich hierbei an vorderster Stelle?"

Ich richtete meine Gedanken sofort auf das Allerheiligste der himmlischen Stiftshütte und sagte innerlich: *Lieber Jesus, bitte hilf mir.* Augenblicklich verhalf mir der Geist Gottes zu der Antwort: „Weil dort die Kraft liegt."

---

[5] Bezieht sich auf: Roger Morneau, *Nicht zu fassen, wie Gott Gebete erhört*, Bd. 2, Lüneburg 1998. (Anm. d. Red.)

„Dort können wir die Kraft finden, die uns den Sieg über Selbstsucht, über die Sünde und über die Verführungen der Welt schenkt und vor allem auch über die Macht der gefallenen Engel. Die Kraft Gottes, die selig macht[6], wird es uns ermöglichen, vom Baum des Lebens zu essen, der im Paradies Gottes steht, und mit Jesus auf seinem Thron zu sitzen[7]. Es ist die Kraft unseres Herrn Jesus, er ist unsere Stärke und unser Erlöser. Das ist der Grund, warum ich versuche, auch andere zu einem Fürbittedienst zu motivieren, der seine Kraft aus dem Kreuzesgeschehen empfängt."

Aber zurück zu Herrn T. Ihm sagte ich: „Wir brauchen den Heiligen Geist, damit wir eine enge Beziehung zu Christus haben können. Er muss uns formen und uns in eine reine und heilige Atmosphäre erheben, in der uns die Segensströme der Liebe Christi erreichen. Der Heilige Geist wird uns dann wiederum dazu gebrauchen, das Leben anderer zu segnen."

Unser Telefongespräch kam zum Ende. Herr T. meinte, er habe für seine christliche Erfahrung neue Horizonte aufgezeigt bekommen. Er entschuldigte sich dafür, mich zwei Stunden am Telefon gehalten zu haben, und meinte, seine geistlichen Bedürfnisse seien allerdings so stark geworden, dass er mich einfach anrufen musste. Ich wünschte ihm Gottes reichsten Segen und bat ihn, mich von Zeit zu Zeit wissen zu lassen, wie der Herr ihn segnete.

Etwa zehn Monate vergingen, dann klingelte eines Abends um dreiundzwanzig Uhr das Telefon. Herr T. fragte, ob er mich zu einer so späten Stunde noch sprechen dürfe. Da ich gerade ein zweistündiges Schläfchen gehalten hatte und mich dadurch wohl- und ausgeruht fühlte, war ich gerne dazu bereit. Ohne Um-

---

[6] Römer 1,16.
[7] Vgl. Offenbarung 2,7; 3,21.

schweife fragte ich ihn: „Wie steht es um Ihre Beziehung zu Gott?"

Seine Antwort kam prompt und fröhlich: „Ich freue mich, Ihnen sagen zu können, dass ich eine neue und wunderbare Erfahrung mit meinem Herrn mache. Ich habe mich intensiv mit dem beschäftigt, was Sie die ‚kleinen Dinge, die einem Menschen helfen, Gott näherzukommen' nennen. Sie machen einen großen Unterschied in meiner christlichen Erfahrung."

„Finden Sie, dass Sie nun eine engere Beziehung zu Christus haben?"

„Oh ja! Und durch Gottes Gnade soll sie auch noch enger werden. Mein Leben ist viel sinnvoller geworden und ich freue mich so sehr, beobachten zu können, wie Gottes Kraft das Leben derer segnet, für die ich bete."

Er sagte, am glücklichsten mache ihn zu sehen, wie der Geist Gottes den Männern und Frauen half, mit denen er geschäftlich zu tun hatte. Er bittet, dass Jesus ihnen ihre Sünden und ihre Ungerechtigkeit vergibt und sie durch sein Blut erlöst. „Ich habe Römer 15,13 auswendig gelernt und bete, dass Gott mich – wie darin beschrieben – durch die Kraft des Heiligen Geistes immer hoffnungsvoller werden lässt. Außerdem bitte ich ihn, mich mit dem lebendigen Glauben zu segnen, von dem Sie mir erzählt haben. Zu meiner großen Überraschung erhört Gott meine Gebete auf wunderbare Weise. Sobald ich den Geist Gottes wirken sehe, wie er das Leben eines Menschen auf meine Gebete hin segnet, danke ich meinem himmlischen Vater und meinem Herrn Jesus gleich, dass er alles möglich gemacht hat. Seitdem ich das tue, wird meine Beziehung zum Herrn immer enger. Wenn ich zum Beispiel morgens im Büro scheinbar die Zeitung lese, bete ich in Wirklichkeit still zu Gott über die Probleme, die mich in meinem Geschäft erwarten. Ich stelle mich selbst und alle meine Verantwortlichkeiten unter Gottes Fürsorge und fast immer, wenn ich in dieser Weise etwa dreißig bis fünfundvierzig Minuten bete, unterbricht mich kaum jemals ein Telefonanruf und alles im Betrieb läuft reibungslos."

Er fügte hinzu, seine Sekretärin habe kürzlich bemerkt, das ganze Betriebsklima sei bedeutend angenehmer geworden, seit er begonnen habe, seine Zeitung über einen längeren Zeitraum anstelle der üblichen zehn bis fünfzehn Minuten zu lesen. Er erzählte weiter, dass er durch diese Erfahrung auch den Wunsch spüre, mehr Zeit im Gebet für seine Kinder zu verbringen. Nach reiflicher Überlegung sei er zu dem Schluss gekommen, dass für ihn der beste Ort zum Beten gleich dort in seinem glasverkleideten Büro sei. Dort könne er sich entspannen und ein stilles Gespräch mit seinem Herrn führen. Wenn er gegen vierzehn Uhr von seinem Mittagessen zurückkehrt, sitzt er mit einigen der Firmenbücher oder anderen Geschäftsunterlagen an seinem Schreibtisch und blättert langsam die Seiten um, wie wenn er die Akten studiert. In Wirklichkeit betet er aber für seine Familie, für die Gemeinde und für jene Menschen, die der Heilige Geist ihm nahebringt. Er meinte, dass er seine Andachten natürlich nur dann auf diese Weise halte, wenn keine dringlichen Geschäfte anstünden. Da die Anforderungen des Unternehmens auch einen Großteil seiner privaten Zeit außerhalb der Geschäftszeiten in Anspruch nähmen, gleiche sich das aus.

Eine Sache, die ihm besonders geholfen hatte, eine engere Beziehung zu Jesus zu pflegen, war die Einsicht, die ich mit ihm geteilt hatte: wie wichtig es war, die Kraft der Erlösung, die auf Golgatha freigesetzt wurde, in Ehren zu halten. Im Leben seiner zwei erwachsenen Söhne hatte sich ein großer Wandel zum

Guten vollzogen. Er führte diese Veränderung darauf zurück, dass er aufgegeben hatte, sie zu überreden, frömmer zu leben.

„Ich habe aufgehört, ihnen zu predigen", sagte er. „Ich vertraue gänzlich auf die Verdienste des versöhnenden Blutes Christi, auf die Gnade seines Dienstes im himmlischen Heiligtum, auf das unendlich liebende Herz unseres himmlischen Vaters und auf die Macht des Heiligen Geistes, Wunder der Erlösung zu wirken. Das bewahrt mich davor, sie durch mein Reden retten zu wollen. Mein Leben hat sich vollkommen verändert. Es macht mich sehr glücklich zu sehen, wie meine Söhne nun über geistliche Dinge positiv denken, die sie früher überhaupt nicht interessierten."

Begeistert erzählte er mir, dass er Bücher verlieh. „Es geschah zu meiner großen Überraschung", begann er. „Als ich mit anderen Führungskräften im Firmenjet durch das Land flog, nahm ich ein Exemplar des Buches *Eine Reise in die Welt des Übernatürlichen*[8] aus meinem Aktenkoffer und begann darin zu lesen. Bald darauf fragte mich der Geschäftsführer des Unternehmens, der mir gegenübersaß, worum es in dem Buch mit den Kerzen auf dem Einband gehe."

Herr T. reichte es ihm und erklärte, dass es eine Erfahrung sei, die ein Mitglied seiner Kirche mit der Welt des Übernatürlichen vor einigen Jahren gemacht hatte. Der Präsident schlug das Inhaltsverzeichnis auf, las die Kapitelüberschriften laut vor und meinte dann: „Diese Überschriften machen mich neugierig. Darf ich ein paar Seiten lesen?"

---

[8] Es handelt sich um ein Buch Roger Morneaus, das unter genanntem Titel 1984 im Advent-Verlag Zürich erschien. Kürzlich erschien die erweiterte Neuauflage: *Im Bann des Bösen – durch Christus befreit*, Zürich 2017. (Anm. d. Red.)

„Unglaublich, unglaublich!", rief er aus, während er las. Und etwas später: „Das ist ein Buch, das jeder lesen sollte." Er rief seine Sekretärin und fragte sie, ob sie bereit sei, ein paar Kapitel des Buches laut vorzulesen. Sie setzten sich an den Konferenztisch und sie begann vorzulesen. Nach einer Weile rief er Herrn T. und stellte ihm einige Fragen. Und als er das Interesse einiger Kollegen sah, lud er auch sie ein, am Konferenztisch Platz zu nehmen.

Sie lasen und diskutierten lebhaft die im Buch geschilderten Erfahrungen. Herr T. beobachtete glücklich, wie der Heilige Geist auf die Menschen einwirkte und sie für Fragen öffnete. Alle waren enttäuscht, als das Flugzeug schließlich landete.

Der Geschäftsführer fragte, wo man dieses Buch kaufen könne. Herr T. verwies ihn auf den adventistischen Büchervertrieb, fügte jedoch hinzu, dass er ein paar Exemplare hatte, die er gerne verlieh, aber wenn jemand ein eigenes Buch erwerben wolle, würde er ihnen ein neues besorgen. Er konnte seinen Ohren kaum trauen, als alle ein Exemplar kaufen wollten.

Als auch die Frau des Geschäftsführers das Buch gelesen hatte, ließ sie Herrn T. fragen, ob der Autor noch andere Bücher geschrieben habe. Daraufhin las sie auch meine Bücher über das Gebet. Als ich erfuhr, dass die Frau sich daraufhin der Kirche der Siebenten-Tags-Adventisten anschließen wollte, jubelte mein Herz vor Freude – vor himmlischer Freude!

Ein aktives Leben

Ich habe festgestellt, dass all jene, die mich fragen, wie sie eine engere Beziehung zu Gott pflegen können, ein aktives Leben führen. Es sind Männer und Frauen, die gewöhnlich ihre gesteckten Ziele erreichen. Wenn jemand wie Herr T. – der eine große Verantwortung in seinem Unternehmen trägt – einen Weg finden kann, sich Zeit für das zu nehmen, was er „die wirklich wichtigen Dinge des Lebens" nennt, wie viel mehr sollten dann wir mit weit weniger Verantwortung und weniger Anforderungen mehr Zeit zum Beten für andere finden? Das bedeutet, so zu wirken, wie Christus es tat, in einer Zeit, die der letzten großen Welternte[9] entgegenstrebt.

---

[9] Vgl. Offenbarung 14,14–20. (Anm. d. Red.)

Kapitel 3

Berge versetzen

Bevor ich zu den in diesem Kapitel aufgezeichneten Erfahrungen komme, möchte ich mich persönlich an alle Männer und Frauen wenden, die im Rahmen ihres Berufs meine fürbittende Hilfe suchen: Wenn Sie meine Gebete wünschen, damit der Geist Gottes in Ihrem Leben Berge versetzt und Sie aus Nöten und Schwierigkeiten befreit, dann will ich gerne darüber schreiben. Nicht um Geld zu verdienen oder mir selbst zu applaudieren, sondern um den Allmächtigen zu verherrlichen und seinem heiligen Namen die Ehre zu geben. Ich bin überzeugt, dass es unsere Pflicht und Verantwortung Gott gegenüber ist, mit anderen zu teilen, was er in unserem Leben bewirkt. Zu erzählen, wie er uns aus unseren Problemen und Schwierigkeiten hinausführt, ist ebenso ein Teil unseres Zeugnisses wie die Verkündigung des Evangeliums oder der Glaubensüberzeugungen.

Ich möchte hier ganz klar sagen, dass ich in Zukunft Ihren Namen und Ihren Wohnsitz angeben werde, wenn Ihre Probleme öffentlich bekannt geworden sind. Mit anderen Worten, wenn Sie in einer Zeitung, im Fernsehen oder Radio erwähnt wurden, werde ich auch Ihren Namen erwähnen, wenn ich davon berichte, wie der Heilige Geist Gottes Sie erlöst hat. Manche wünschen sich Gottes Befreiung, versuchen aber, ihre Probleme geheim zu halten, sei es aus Scham oder aus Stolz. Doch genau wie Gott Männer und Frauen in der Bibel gerettet hat und ihre Geschichten zu unserer Ermutigung und zu seiner Ehre festgehalten wurden, so will Gott heute noch immer durch moderne Zeugen seiner rettenden Macht bekannt werden.

Ich bin zu folgendem Schluss gekommen: Wenn jemand mich bittet, in seinem Namen stundenlang über viele Monate hinweg vor Gott zu flehen, und der Geist Gottes seine Füße wieder auf festen Boden gestellt hat, dann sollte er auch bereit sein, mich darüber berichten zu lassen, was der Herr für ihn getan hat. Nicht zu meiner Ehre, sondern zur Ehre Gottes.

Ich bin ein alter Mann, der nur durch Gottes besondere Gnade am Leben gehalten wird. Ich erzähle leidenschaftlich gerne davon, was Gott für mich und für diejenigen getan hat, für die ich gebetet habe. Aber zu häufig musste ich erleben, wie Menschen, die vor dem Ruin gerettet wurden und zu ihrem alten wohlhabenden Lebensstil zurückkehrten, sich plötzlich schämten, andere wissen zu lassen, was der Herr für sie getan hat. Sie tun alles, um über ihre vergangenen Probleme nicht mehr nachdenken zu müssen. Und wenn die Katastrophe wiederkehren sollte, stehen sie diesmal ohne göttliche Hilfe da – jene göttliche Hilfe, die sie missbrauchten oder für selbstverständlich hielten.

Es scheint mir, als seien Menschen, die Gott die ihm gebührende Ehre verweigern, vermehrt Angriffen seitens übernatürlicher Mächte des Bösen ausgesetzt. Darüber hinaus lauert eine mächtige und selbstzerstörerische Kraft in unser aller Herzen, von der wir heute in christlichen Kirchen wenig hören. Es ist dieselbe Eigenschaft, die den mächtigen Engel zu Fall brachte, der einst zur Rechten Gottes stand: der gefallene Engel Luzifer, der uns als Satan und Zerstörer bekannt ist.

„Es gibt nichts, das Gott so sehr beleidigt oder der menschlichen Seele so gefährlich werden kann, wie Stolz und Selbstüberhebung. Von allen Sünden ist diese die hoffnungsloseste, die am wenigsten heilbare."[1]

Dieses Zitat schockierte mich, als ich es Ende der 1940er-Jahre zum ersten Mal las. Die Aussage „nichts, das Gott so sehr beleidigt" stand mir vor Augen, als sei sie mit feurigen Lettern geschrieben.

Ich entschloss mich an Ort und Stelle, herauszufinden, was Stolz und Selbstüberhebung eigentlich sind.

Ich begann mit dem in Jesaja 14,12–14 und Hesekiel 28,13–19 beschriebenen Fall Luzifers und studierte daraufhin die Bibel und die Schriften von Ellen White. In zahlreichen Berichten wird dort aufgezeigt, wie sich große Menschen von Gott trennten, weil sie stolz und überheblich waren. Mir wurde klar, dass die Kombination dieser beiden Elemente das Gefühl der Abhängigkeit von Gott untergräbt, und das wiederum schmälert die Achtung vor Gott – mit fatalen Folgen.

Gott ließ den Hebräern durch Samuel sagen: „Wer mich ehrt, den will ich auch ehren; wer aber mich verachtet, der soll wieder verachtet werden." (1. Samuel 2,30) Wir könnten das Wort Verachtung hier mit „der Beachtung für unwert halten" umschreiben. Genau so dachte Luzifer über Gott. Sein Stolz und seine Selbstüberschätzung veranlassten ihn, Gott als für nicht würdig zu erachten, überhaupt über ihn nachzudenken. Allmählich führte ihn diese Haltung zur direkten Rebellion.

Der Hauptgrund dafür, dass ich hier so ausführlich über Stolz und Selbstgenügsamkeit schreibe, ist deren Zerstörungskraft. Ich erhalte zunehmend Briefe von Eltern, die mir berichten, wie ihre Kinder in einem lukrativen Beruf Karriere machten und sehr stolz wurden. Ihre Selbstzufriedenheit lässt sie Gott schließlich vergessen.

---

[1] Ellen White, *Christ's Object Lessons*, Hagerstown, Maryland 1941, S. 154.

Ein Mann sagte, sein Sohn habe eine „Titanic-Mentalität". Die Formulierung machte mich stutzig. „Jim kann sich nicht vorstellen, dass ihm je etwas Schlimmes passieren könnte", erklärte er mir. „Er denkt ähnlich wie die Konstrukteure, als sie 1912 die Titanic vom Stapel ließen: ‚Dieses Schiff ist unsinkbar!'" Dann seufzte er: „Wie kann man so jemandem helfen?"

Ich konnte ihm nur erwidern: „Vertrauen Sie und glauben Sie an die Kraft des Fürbittegebets; beten Sie täglich darum, dass Ihrem Sohn die Verdienste des Blutes Christi zugerechnet werden."

Gott gebührt der Ruhm

Es war einer dieser Tage, an denen mein krankes Herz mir nicht erlaubte, wie gewohnt aufzustehen und meinen Beschäftigungen nachzugehen. Bereits um neun Uhr morgens hatte ich keine Kraft mehr und musste ins Bett zurückkehren. Mein Herz setzte mir schwer zu und ich wusste, dass ich, wenn ich noch länger auf den Beinen bliebe, für einige Tage im Krankenhaus flachliegen würde.

Hilda, die die Telefonate annahm, sollte die Leute bitten, in ein paar Tagen zurückzurufen, wenn ich wieder zu Kräften gekommen wäre. Am frühen Nachmittag fragte sie mich, ob ich mich wohl genug fühle, um mit meinem Buchlektor Gerald Wheeler vom Verlag Review and Herald zu sprechen.

Gerald berichtete mir von einem Anruf, den er von einem Arzt erhalten hatte, der so schnell wie möglich mit mir sprechen musste. „Könntest du den Arzt heute anrufen? Er schien dich sehr dringend erreichen zu wollen. Ich habe den Eindruck, dass das Problem ziemlich drängt." Ich antwortete, dass ich mich bis zum Abend wahrscheinlich gut genug fühlen würde, um den Mann anzurufen.

Tatsächlich ging es mir um sieben Uhr abends viel besser und ich kontaktierte Doktor K. unter seiner privaten Nummer. Er dankte mir für meinen Anruf. Dann sagte er, wie sehr der Heilige Geist ihn durch das Lesen meiner Bücher über das Gebet gesegnet hatte. Wir unterhielten uns etwa eine Stunde. Er schilderte mir die ungemein missliche Lage, in der er sich befand. Ihm drohte nicht nur der Verlust seiner ärztlichen Zulassung und der Existenz seiner Familie, sondern die Umstände waren so bedrohlich, dass sie ihn sogar für viele Jahre ins Gefängnis bringen konnten.

Ich hatte schon für viele Menschen gebetet, die sich in schwierigen Situationen befanden, aber noch nie für jemanden mit solch großen Problemen wie dieser Mann jetzt. Mir ging ein Gedanke durch den Kopf: Um ihn davor zu bewahren, von dieser monströsen Situation verschluckt zu werden, muss der Herr wahrhaftig gewaltige Berge von Schwierigkeiten versetzen und die Pläne seiner Feinde gründlich durchkreuzen.

An dieser Stelle möchte ich erwähnen, dass es für mich den Anschein hat, dass böse Kräfte es zunehmend auf leitende Männer und Frauen der Kirche der Siebenten-Tags-Adventisten abgesehen haben. Diese Mächte bedienen sich häufig der Unterstützung von Personen, die ihren eigenen Vorteil suchen, selbst wenn das bedeutet, den Ruf, die Karriere und die Familie anderer Menschen zu zerstören oder sie ihrer Freiheit zu berauben.

Die Schwierigkeiten, in denen sich Doktor K. befand, hatten vor einigen Jahren ihren Lauf genommen, als ihn ein Kollege dazu überredete, eine junge Ärztin (ich nenne sie Doktor D.) in seine Praxis aufzunehmen. Obwohl das Vorstellungsgespräch ihn nicht sonderlich überzeugt hatte, kam er nach einigen Überlegungen zu dem Schluss, dass sie dennoch eine brauchbare Unterstützung in seiner geschäftigen Praxis sein würde und die Anstellung für sie ein guter Türöffner in die Berufswelt wäre.

Es dauerte nicht lange, bis sich herausstellte, dass Doktor D. sehr unnachgiebig war. Sie maßte sich an, den Praxisangestellten vorzuschreiben, wie sie ihre Arbeit zu verrichten hatten. Doktor K. musste sie bitten, sich seinen Angestellten gegenüber zurückzuhalten, was sie ihm sehr übel nahm. Schließlich eröffnete sie ihre eigene Praxis.

Doch bevor sie ging, kopierte sie die Akten vieler Patienten von Doktor K. Dann lud sie sie ein, ihre Patienten zu werden. Darüber hinaus stellte sie zwei von Doktor. K.s Assistentinnen ein – Frauen, die seine Rechnungen geschrieben hatten. Auch wenn aus heutiger Sicht ungeklärt ist, ob absichtlich oder nicht, wurde Doktor K.s Computer falsch programmiert, mit der Folge, dass Gesundheitsdienstleistungen für Bedürftige über mehrere Monate mit Hunderttausenden von Dollar zu hoch abgerechnet wurden. Das Gesetz ahndet jede Überfakturierung mit zweitausend Dollar Strafe.

Doktor D. schien fest entschlossen, Doktor K. zu schaden. Sie rief die national zuständige Stelle an und berichtete, ihr ehemaliger Arbeitgeber habe den Staat um große Geldbeträge betrogen. Danach nahm sie Kontakt zur Lokalzeitung auf und gab den Hinweis, das FBI sei kurz davor, Doktor K.s Praxis zu durchsuchen und bestimmte Ordner zu beschlagnahmen, die es dem Staat ermöglichten, den Arzt gerichtlich zu verfolgen. Im Falle einer Verurteilung würde Doktor K. Jahre im Gefängnis verbringen müssen.

Die Beamten durchsuchten die Arztpraxis. Doktor K. wurde des vorsätzlichen und wiederholten Betrugs und der Vorspiegelung falscher Tatsachen bezichtigt.

Die unverschämte Frau D. rief schließlich um sechs Uhr morgens privat bei Herrn K. an und fragte: „Na, wie fühlt es sich an, sein Bild auf der Titelseite der Zeitung zu sehen?"

Nachdem er aufgelegt und die Morgenzeitung an der Haustür geholt hatte, sah er sein Bild auf der Titelseite neben einem Artikel, der ihn wie einen Berufskriminellen darstellte. Beim Prüfen seiner Akten fanden die Behörden heraus, dass die Zahl der Überfakturierungsfälle so groß war, dass er mit dreieinhalb Millionen Dollar Strafe zu rechnen hatte. Es war der Beginn von drei sehr schwierigen Jahren für Doktor K. und seine Familie. Später bat ihn das örtliche Krankenhaus, aufgrund der negativen Presse als ärztlicher Leiter zurückzutreten.

Über Nacht begannen seine Freunde und Mitarbeiter, sich von ihm zu distanzieren. Die Mehrheit der Ärzte in der Region umschifften Diskussionen mit ihm und scheuten sich davor, sich für ihn einzusetzen. Einige brachen sogar den Kontakt zu ihm ab. „Durch diese Erfahrung weiß ich, wie es für einen Menschen sein muss, aussätzig zu sein", sagte mir Doktor K. am Telefon. Wenn seine Frau in der Stadt einkaufte, starrten die Leute sie an.

Doktor K. besorgte sich schnell die besten Anwälte, die er finden konnte. Sie machten sich unverzüglich an die Arbeit, um die nötigen Informationen zu sammeln und Licht in die Angelegenheit zu bringen. Daraufhin galt es, die Verteidigung vorzubereiten. Aber sie stießen auf alle möglichen Hindernisse, die viel Zeit und Kraft verschlangen. Das Gericht legte Termine für bestimmte Verfahren oder Anhörungen fest, dann passierte irgendetwas, das alles wieder aufschob. Verzögerungen, Rückschläge und erzwungene Wartefristen wurden das tägliche Brot, während die Monate verstrichen.

Als Doktor K. mich von all dem in Kenntnis setzte, waren bereits sechsunddreißig Monate vergangen und es war bislang nur sehr wenig erreicht worden. „Ohne meinen Glauben an die Liebe und Fürsorge Gottes wäre das Leben inzwischen völlig aus mir gewichen", sagte er. Das Lesen meiner Bücher habe ihn und seine Frau sehr ermutigt. So beschloss er, sich mit mir in Verbindung zu setzen und mich zu bitten, beim Herrn für ihn einzutreten.

Ich sagte ihm meine Hilfe zu; ich würde ihn und seine Probleme auf meine Gebetsliste setzen und täglich vor den Herrn bringen. Doch bräuchte ich seine volle Aufmerksamkeit und Kooperation. Er bat mich, ihm das zu erklären.

„Ihre Schwierigkeiten, Doktor K., stammen nicht von drei törichten Kolleginnen, die plötzlich entschieden haben, Sie nicht zu mögen und Ihr Leben durcheinanderzubringen. Ich glaube, dass Satan und seine Helfer schon länger die Absicht hegen, Not, Leid und Qualen in Ihr Leben zu bringen und, wenn sich die Gelegenheit bietet, Sie zu vernichten. Der Hauptgrund für einen solchen Angriff ist, dass Sie Siebenten-Tags-Adventist sind. Vor Jahren sagte mir ein Dämonenanbeter einmal, Adventisten seien das Volk, das Satan auf der Erde am meisten hasst. So hat Satan auf eine Gelegenheit gewartet, Sie anzugreifen. Ich bin der Meinung, dass wir in einer Zeit leben, in der den Feinden von Jesus gestattet ist, Adventisten das anzutun, was sie schon immer vorhatten, ihnen aber bisher verwehrt war. Eines der Zeichen dafür, dass Jesus bald wiederkommt, ist nun eingetroffen. Der Herr hat die Mächte des Bösen bisher davon abgehalten, seine Gemeinde anzugreifen, damit sie die Botschaft aus Offenbarung 14,6–7 unentwegt auf dem ganzen Erdkreis verkünden konnte. Nun zieht der Herr allmählich seine Herrschaft zurück, und Satan wirkt darauf hin, die ganze Welt zur Sonntagsheiligung zu verführen. Wie Ihnen wohl bewusst ist, bereitet er die Durchsetzung der Sonntagsgesetze vor, die jene, die den biblischen Sabbat halten, in große Schwierigkeiten bringen werden. In der Zwischenzeit zielt der Feind auf diejenigen ab, die die Adventgemeinde finanziell unterstützen, und versucht, ihre Einnahmequellen versiegen zu lassen. Das sind nicht bloß meine Fantasien – es ist die Realität. In den vergangenen Jahren sind eine Reihe von Adventisten unter Beschuss geraten und haben meine Fürbitte gesucht. Als ich fragte, ob sie die Adventgemeinde finanziell aktiv unterstützen, hörte ich zu meiner Überraschung, dass dies in ihrem Leben an vorderster Stelle stünde. Einige erwähnten große Geldsummen, die sie für das Werk des Herrn gespendet hatten."

Doktor K. fragte: „Warum hebt der Herr, nachdem er die Mächte des Bösen eine so lange Zeit gebannt hat, jetzt diesen Schutz auf?"

Ich erklärte, dass diese endzeitlichen Ereignisse, in denen sich der große Kampf zwischen den Mächten des Guten und des Bösen zuspitzt, nicht stattfinden könnten, wenn er es nicht täte. „Doktor K., es ist sehr wichtig, dass Sie und ich die Schwierigkeiten deutlich erkennen, die Sie von allen Seiten einengen, und begreifen, dass Gott allein diese Berge aus dem Weg räumen und Sie befreien kann. Ich habe aus Erfahrung gelernt, dass wir nichts dem Zufall überlassen, sondern alles Mögliche tun sollten, um mit Gott zusammenzuarbeiten, damit er jeden Kampf mit den Mächten des Bösen zu einem siegreichen Ende bringen kann. So gebührt unserem großen Erlöser vor dem Himmel und dem Rest des Universums allein alle Ehre. Ich werde bei ein paar Dingen Ihre Hilfe brauchen. Haben Sie einen Stift und ein Blatt Papier zur Hand, damit Sie ein paar Notizen machen können? Ich möchte, dass Sie mir einen Brief schreiben, in dem Sie alle Informationen darlegen, die Sie mir heute gegeben haben. Dafür gibt es zwei Gründe. Erstens möchte ich Ihren Brief dem Herrn auf eine ganz besondere Weise vorlegen, sobald ich ihn erhalten habe. Zweitens muss ich ihn ab und zu durchlesen, um alle Details frisch im Gedächtnis zu behalten. Auf diese Weise kann ich meine Fürbitten präzise formulieren. Außerdem brauche ich eine Liste all ihrer Feinde. Jesus sagte: ‚Liebt eure Feinde; tut wohl denen, die euch hassen; segnet, die euch verfluchen; bittet für die, die euch beleidigen.'[2] Deshalb ist es sehr wichtig, dass Sie mir diese Liste zur Verfügung stellen. Ich brauche alle Namen und die Information, in welcher Beziehung sie zu Ihrem Problem stehen. Es ist auch wichtig, dass Sie mir die Namen des zuständigen Generalstaatsanwalts und seiner Mitarbeiter mitteilen, die mit Ihrem Fall zu tun haben. Besorgen Sie mir die Namen der Bundesbeamten, die Ihren Fall strafrechtlich verfolgen, inklusive des Namens des stellvertretenden Bundesstaatsanwalts. Ich brauche die Namen aller Anwälte, sowohl Ihrer als auch die der Gegenpartei. Bitte teilen Sie mir die Namen der Mitglieder der Geschworenen mit, da sie bestimmen, ob ein Strafverfahren gegen Sie eingeleitet wird. Wir werden beten, dass der Geist Gottes auf sie einwirkt, um Sie vor der Hand des Zerstörers zu retten. Ich werde täglich viel für diese Menschen beten und Gott bitten, ihnen ihre Missetaten und Sünden zu vergeben, weil Jesus den Preis für ihre Erlösung auf Golgatha bezahlt hat. Ich werde den Heiligen Geist bitten, jeden mit seinem herrlichen himmlischen Licht und Frieden zu umgeben, damit dämonische Geister ihren Geist nicht beein-

---

[2] Lukas 6,27–28.

flussen können. Vor allem werde ich beten, dass der Geist die falschen Ankläger zur Umkehr bringt und so Ihren Ruf wiederherstellt. Alle Namen dieser Personen werden auf meiner Gebetsliste stehen bleiben. Ich werde sie nie davon streichen und ich werde täglich dafür eintreten, dass Gott ihre ewige Erlösung bewirke. Wenn sie aus irgendeinem Grund dem Heiligen Geist widerstehen, ihre Herzen verhärten und auf böse Pläne gegen Sie verharren, dann wird Gott selbst für Ihre Befreiung sorgen, wie er es damals für König David getan hat: ‚Wenn ich mitten in der Angst wandle, so erquickst du mich und reckst deine Hand gegen den Zorn meiner Feinde und hilfst mir mit deiner Rechten.'[3]"

Innerhalb weniger Tage kamen die Unterlagen von Doktor K. in einer Expresssendung. Er hatte alles beigefügt, worum ich gebeten hatte. Nachdem ich seinen Brief gelesen und mich mit den Namen aller Personen und ihrem Status vertraut gemacht hatte, übertrug ich eine Kurzfassung auf meine Gebetsliste. Dann öffnete ich meine Bibel und las einige Verse über die Kreuzigung Jesu im Powerkapitel Matthäus 27. Als Nächstes legte ich den Brief von Doktor K. sowie die Liste seiner Feinde und der anderen Personen, die das Gebet brauchten, auf die geöffnete Bibel und sprach im Gebet – über eine Stunde lang – mit Jesus und unserem himmlischen Vater über die Situation von Doktor K.

Die Erfahrung hat mich eines gelehrt: Um die Menschen auf meiner Gebetsliste aus scheinbar ausweglosen Lagen herauszubringen, ist es am besten, Gott zuerst für seine Segnungen in der Vergangenheit zu danken und meine Freude über den vollkommenen Erlösungsplan unseres himmlischen Vaters auszudrücken. Ich preise den dreieinigen Gott für die große Stärkung,

---

[3] Psalm 138,7.

die ich durch das Lesen der inspirierten Texte der Bibel erfahre, die von Gottes Kraft und Liebe berichten.

So berufe ich mich in jedem Gebet auf einen solcher biblischen Berichte. Das mag die Befreiung der Israeliten aus Ägypten sein. Oder auch die Antwort Gottes auf das Gebet Josuas während seines Kampfes mit den Amoritern, die mich jedes Mal aufs Neue begeistert: „Da stand die Sonne still und der Mond blieb stehen, bis sich das Volk an seinen Feinden gerächt hatte." (Josua 10,13) Oder auch das Phänomen, wie Gott einen Fluch in einen Segen verwandeln kann: „Aber der HERR, dein Gott, wollte Bileam nicht hören und wandelte dir den Fluch in Segen um, weil dich der HERR, dein Gott, lieb hatte." (5. Mose 23,6)

Den dreieinigen Gott auf diese Weise zu preisen, bevor ich seinen Segen für die Menschen auf meiner Liste erbitte, erfüllt mich mit der geistlichen Kraft, die das Erhören meiner Bitten um besondere Segnungen Gottes für andere sehr viel wahrscheinlicher macht. Es bringt mich in eine tiefere und vertrauensvollere Beziehung zu Gott und seinem Willen.

Nach meiner einleitenden Danksagung bat ich also unseren himmlischen Vater, den Heiligen Geist zu beauftragen, das Leben aller Personen zu berühren, die in Doktor K.s rechtliches Dilemma verwickelt waren, und die Behörden falls nötig umzustimmen. Ich sprach sehr viele Punkte an, die mir wichtig erschienen, aber vor allem bat ich Gott, dass Doktor K. aus der Situation befreit würde. Ich bat den Herrn, die Dinge so zu gestalten, dass der Mann von aller Schuld freigesprochen würde.

Als ich das erste Mal mit Doktor K. telefonierte, sagte er mir, dass er froh und glücklich wäre, wenn er wenigstens seine ärztliche Zulassung behalten und einer Gefängnisstrafe entgehen könne. Auch wenn ich gut verstand, wie ihm in dem Moment zumute war, wollte ich dennoch nicht, dass er sich mit etwas zufriedengab, was mir nur als das Zweitbeste erschien. Als ich in seinem Namen für ihn eintrat, bat ich Gott, ihn und seine Frau von jeglicher Anschuldigung zu befreien, sodass sie der Welt wieder mit Zuversicht und Freude begegnen konnten. Ihre Herzen sollten für den Rest ihres Lebens mit Dankbarkeit Gott gegenüber erfüllt sein.

Ich war nicht der Einzige, der für Doktor K. betete. Viele andere schlossen sich meinen Bitten an. Und Gott erhörte diese Gebete genau so, wie wir sie ihm vorgebracht hatten. Der Geist Gottes begann, zugunsten von Doktor K. zu wirken, und einige der schrecklichen Belastungen ließen nach. Ärztliche Kollegen zeigten sich äußerst befremdet darüber, wie das örtliche Krankenhaus um den Rücktritt seines hoch angesehenen Leiters gebeten hatte. Hier sind einige Auszüge aus einem der Briefe, die an den Geschäftsführer des Krankenhauses geschickt wurden:

Ich schreibe Ihnen, um mein tiefes Bedauern über den kürzlich gestellten Antrag auf Rücktritt von Doktor K. als ärztlichem Leiter des Krankenhauses X zu äußern.

Ich hatte das Vorrecht, zweieinhalb Jahre lang mit Doktor K. zusammenzuarbeiten, und lernte ihn als einen Mann mit hoher Integrität kennen. Während dieser Zeit traf ich viele seiner Patienten. Sie berichteten mir, dass Doktor K. ihnen gegenüber mitfühlend sei und sie professionell betreue. Ich erfuhr von den tragischen Ereignissen in ihrem Leben, die sie in die Obhut von Doktor K. brachten, und von der freundlichen, persönlichen Anteilnahme, die er ihnen entgegenbrachte. Ich hörte von Eltern, die beschrieben, wie Doktor K. das Leben ihrer Kinder rettete, und von Erwachsenen, die sagten, dass er ihnen half, einen Sinn im

Leben zu finden. Patienten sagten mir, dass Doktor K. für sie das beste Beispiel eines Christen verkörpere und dass sie gesegnet seien, von einem Arzt betreut zu werden, der seinen Glauben offen lebt.

Ich verstehe nicht, warum das Krankenhaus nicht bereit ist, sich entschieden gegen diese Vorwürfe und auf die Seite dieses guten Arztes zu stellen. Doktor K. war in den Jahren, in denen ich ihn kenne, stets loyal dem Krankenhaus gegenüber. Er nahm unzählige Überstunden auf sich, von denen viele unbezahlt blieben. Er und seine Frau waren immer bereit, das Krankenhaus zu unterstützen, wenn es nötig war, und warben für das Krankenhaus auch in der Öffentlichkeit. Doktor K. jetzt geschlossen zu unterstützen würde nicht nur seinem Fall helfen, sondern auch ein deutliches Signal aussenden, dass das Krankenhaus X keine schamlosen Anschuldigungen gegen seine Belegschaft und seine Leistungen duldet. Ich muss noch einmal betonen, dass ich sehr enttäuscht bin von der Art und Weise, wie Doktor K. zum Rücktritt aufgefordert wurde. In einer solch sensiblen Angelegenheit mit solch empfindlichen Folgen für Doktor K. und seine Familie wäre es das einzig Richtige gewesen, dass Sie als Geschäftsführer diese Anfrage persönlich zurückgewiesen hätten.

Ich bete, dass Gott Doktor K. in den nächsten Monaten weiterhin die Kraft und Weisheit gebe, die er und seine Familie brauchen. Ich freue mich auf den Tag, an dem ihm Gott den Sieg in diesem Gerichtsverfahren geben wird. Bis dahin soll es mir eine Ehre sein, ihn sowohl öffentlich als auch privat zu unterstützen.

Der Geist Gottes begann, die Verzögerungen, Rückschläge, Verschiebungen und erzwungenen Wartezeiten, die in seinem Fall zur Norm geworden waren, umzukehren. Die Geschworenen nahmen nun in nahezu rekordverdächtiger Zeit ihre Arbeit auf.

Die Öffentlichkeit sah die Ankläger von Doktor K. als das, was sie in Wirklichkeit waren: hinterhältige Manipulatoren. Die Ermittlungen offenbarten die Wahrheit und befreiten Doktor K. von jeglicher Schuld. Für die zu hoch verrechneten ärztlichen Dienstleistungen arbeiteten die Behörden einen vernünftigen Zahlungsplan aus.

Diese Erfahrung machte mir eines besonders deutlich: Egal wie entschlossen ein Mensch zum Bösen ist und egal wie erfolgreich er in der Vergangenheit war, wenn unser himmlischer Vater seinen Heiligen Geist beauftragt, im Namen von jemandem, für den wir beten, einzugreifen, werden die Übeltäter ihre Position verlieren, verwirrt werden und sich sogar selbst in Widersprüche verstricken. Menschen mögen noch so brillant sein, sie werden hilflos, wenn der Geist Gottes ihnen bewusst macht: „Man hat dich auf der Waage gewogen und zu leicht befunden." (Daniel 5,27)

Für Gott zu wirken und in seinem Namen für sein Volk Berge zu versetzen, ist in der Tat eine spannende Erfahrung. Ich lerne, immer enger mit meinem Herrn zusammenzuleben, je mehr er mich in sein Werk der Erlösung einbezieht. Ich bin der Überzeugung, dass viele den Beginn ihrer eigenen Erlösung darauf zurückführen werden, dass jemand konsequent und innig für sie gebetet hat. Deshalb bedeuten mir die Worte des Apostels Paulus an Timotheus sehr viel: „So ermahne ich nun, dass man vor allen Dingen tue Bitte, Gebet, Fürbitte und Danksagung für alle Menschen, für die Könige und für alle Obrigkeit, damit wir ein ruhiges und stilles Leben führen können in aller Frömmigkeit und Ehrbarkeit. Dies ist gut und wohlgefällig vor Gott, unserm Heiland, welcher will, dass alle Menschen gerettet werden und sie zur Erkenntnis der Wahrheit kommen." (1. Timotheus 2,1–4) Das ist einer der Gründe, warum ich meinen Fürbittedienst so sehr schätze.

Eine Warnung an adventistische Führungskräfte

Bevor ich zu einer weiteren Erfahrung der Liebe und Gnade Gottes im Leben der Menschen, für die ich bete, übergehe, möchte ich noch einmal besonders betonen, was ich oben bereits angesprochen habe. Satan hat seine Angriffe auf adventistische Führungspersonen intensiviert. Er versucht, den Verstand gottloser Menschen zu beherrschen, die skrupellos ihren eigenen Vorteil suchen, selbst wenn das bedeutet, das Ansehen, die Karriere, Familie oder Freiheit eines anderen zu zerstören. Lehrer und Erzieher sowie Menschen in medizinischen Berufen sind besonders gefährdet. Wer auch immer über eine Berufshaftpflichtversicherung verfügt, darf sicher sein, dass geldgierige Personen es auf ihn abgesehen haben. Und wer denkt, ihm könne so etwas nicht passieren, sollte Gott unverzüglich bitten, seinen Geist und seine Augen für die Tatsache zu öffnen, dass wir in einer sehr grausamen Welt leben. Dämonische Mächte manipulieren das Leben gottloser Menschen; sie bringen sie dazu, lieben Menschen die fürchterlichsten Dinge anzutun.

In den vergangenen Jahren haben eine Reihe adventistischer Führungspersönlichkeiten meine Hilfe im Gebet gesucht, um sie aus einer schier aussichtslosen Situation zu befreien. Und alle haben gesagt, dass sie es nie für möglich gehalten hätten, jemals eine solche Erfahrung machen zu müssen.

Durch die Kraft seiner Liebe

Im Januar 1994 erhielt ich einen Brief von einer Frau aus dem Bundesstaat Michigan. Sie war sehr verzweifelt wegen des Gesundheitszustandes zweier ihrer Enkelkinder und fühlte sich gedrungen, mich zu bitten, mich für sie im Gebet einzusetzen. Hier ist ein Auszug aus ihrem Brief:

Alice, dreizehn Jahre alt, ist derzeit im Krankenhaus, weil sie sich bei einem Sturz Milz und Leber verletzt hat. Die Organe sind nun stark vergrößert und sitzen unter ihrem Brustkorb. Sie fällt ziemlich oft, da ihr geschwollener Bauch ihren Schwerpunkt verschoben hat.

Die Knochen von Alice und auch die ihres Bruders Scott sind infolge einer Osteoporose, die auf einen Alpha-1-Antitrypsin-Mangel zurückzuführen ist, ganz fragil. Sie brechen leichter als die Knochen gesunder Kinder. Scott hat ebenfalls einen ausgedehnten Bauch und dünne Arme und Beine. Zusätzlich sind sein Herz und seine Leber in Mitleidenschaft gezogen. Auch seine Lungen sind beschädigt, und der Arzt sagte, dass er mit einundzwanzig Jahren nicht mehr selbstständig atmen können werde.

Als ich mit der Großmutter telefonierte, erfuhr ich von zusätzlichen Problemen, mit denen die Kinder konfrontiert waren. Wahrlich, ein Berg von Schwierigkeiten ragte über ihnen. Alices Leber war in einem so schlechten Zustand, dass nichts anderes als eine Transplantation und ein Wunder sie am Leben halten konnten.

Oma G. beschrieb mir ihr Dilemma: „Wie kann ein Mensch mit gutem Gewissen um eine Leber für einen geliebten Menschen beten", fragte sie, „wenn es bedeutet, dass jemand anders sein Leben verlieren muss?"

Ich richtete meine Gedanken wieder auf Gott und sein himmlisches Heiligtum und sagte im Stillen: *Lieber Jesus, bitte hilf mir!* Augenblicklich fühlte ich wieder jene bekannte Ruhe über mich kommen und wusste die Antwort.

„Liebe Frau G., Sie und ich sollen nicht um eine Leber für Alice beten mit dem Hintergedanken, dass Gott deshalb das Leben eines anderen beenden muss. Sie wissen sicher, dass wir Menschen in einer feindlichen Welt leben. Unfälle löschen täglich das Leben vieler Menschen aus. Einige dieser Leute haben einen Organspendeausweis unterschrieben. Worum wir den Herrn bitten sollten, ist, dass er diese kostbare Lebensgabe an Alice weiterleitet."

Ihre Stimme verriet mir, dass meine Worte sie ermutigt hatten. Im Stillen sagte ich: *Danke, Herr, für deine Liebe und Gnade.*

Am 3. Mai, gegen dreiundzwanzig Uhr, klingelte das Telefon in diesem sorgenerfüllten Heim in Michigan, und die Nachricht kam, dass die Ärzte eine Leber für Alice gefunden hatten. Die Transplantation begann um drei Uhr nachts und war um sieben Uhr morgens zu Ende. Alles lief gut. Innerhalb von vierundzwanzig Stunden hatte die Gelbsucht ihren Körper verlassen, und ihre Haut sah wieder rosig aus. Ihre Augen waren hell, weiß und schön. Die Schmerzen, die zuletzt den Einsatz von Morphium nötig gemacht hatten, waren auch verschwunden. Die Ärzte rechneten damit, dass das neue Organ mindestens dreimal abgestoßen würde, doch dank der Gnade Gottes passierte es kein einziges Mal.

Im Hochsommer an einem Sonntagmorgen erhielt ich einen weiteren Anruf jener Großmutter. Sie teilte mir mit, dass ein doppeltes Wunder im Leben ihrer beiden Enkelkinder geschehen sei. Alices Leben hatte eine ganz neue Richtung eingeschlagen. Sie war um fünf Zentimeter gewachsen und ihre Lebensqualität hatte sich stark verbessert.

Auch Scotts Zustand hatte sich zum Besseren gewendet. „Dieser außergewöhnliche Fortschritt", sagte

Oma G., „kann nur auf die Kraft der Liebe Gottes zurückgeführt werden, die diese Heilung bewirkte." Nur zwei Tage bevor ich dieses Kapitel schrieb, unterhielt ich mich erneut mit dieser gläubigen Großmutter am Telefon. Begeistert erfuhr ich, wie die Kraft des Schöpfers im Leben ihrer Enkelkinder wirkte. Nachdem ich aufgelegt hatte, fiel mir eine Aussage aus dem Buch *Das Leben Jesu* ein: „Und als die Zeit erfüllt war, wurde die Gottheit verherrlicht, indem sie eine Fülle von heilender Gnade über die Welt ausgoss. Diese Gnade sollte bis zur Erfüllung des Erlösungsplans weder aufgehalten noch zurückgezogen werden."[4] Ich verstehe Ellen White so, dass die heilende Gnade Gottes immer noch jedem Menschen zur Verfügung steht, der daran glaubt und darum bittet.

Das Unmögliche vollbringen

Der vollkommene Erlösungsplan unseres himmlischen Vaters fasziniert mich seit über achtundvierzig Jahren. Seitdem mich der Geist Gottes 1946 durch die Fürbitten von Kyrill und Cynthia Grossé unmittelbar aus der Dämonenanbetung herausgeführt hat, habe ich nicht aufgehört, Gottes alles übersteigende, erhabene, erbarmungsvolle Liebe zur gefallenen Menschheitsfamilie zu bewundern.

Es ist mir das größte Geschenk, für Menschen zu beten und zu sehen, wie der Heilige Geist, der Stellvertreter Christi auf Erden, das Unmögliche vollbringt, indem er den Gottlosen die Gnade der Erlösung bringt.

Derzeit habe ich etwa eintausendneunhundert Namen auf meiner Gebetsliste stehen und füge fast jeden Tag neue hinzu. Von den vielen Briefen, die ich erhalte,

---

[4] Hier und im Folgenden zitiert nach der Neuausgabe: Ellen White, *Sieg der Liebe*, Zürich/Wien 2016, S. 30. (Anm. d. Red.)

schaue ich mir sofort Namen und Adresse jedes einzelnen an. Die Briefe jener Absender, die ich bereits kenne, lese ich zuerst, weil Hilda und ich große Freude daran haben, zu erfahren, wie Gott seine Segnungen über das Leben dieser Menschen auf unserer Fürbitteliste ausschüttet.

Auch wenn es unsere Herzen mit Freude erfüllt, von körperlicher Heilung zu lesen, beeindrucken mich doch am meisten die Fälle, in denen der Geist Gottes den Sieg über Selbstsucht, Sünde und die Macht böser Engel bringt. Ich möchte dies anhand zweier kurzer Erfahrungen veranschaulichen (Namen geändert).

Ich brauche Hilfe

Eine Mutter berichtete mir von ihren beiden Söhnen und ihrer Tochter. Alle waren verheiratet und hatten eine Familie – und alle kämpften mit einer Vielzahl von Problemen.

Lieber Herr Morneau!
Ich möchte Ihnen herzlich für Ihre Bücher über das Gebet danken. Sie waren für mich eine große Ermutigung und haben den Wunsch in mir geweckt, mehr Zeit im Gebet für andere zu verbringen. Meine Liebe zu Jesus hat eine neue Bedeutung für mich gewonnen und ich sehe jetzt, wie der Heilige Geist mein eigenes Leben umwandelt; aber auch das von Menschen, von denen ich dachte, sie seien hoffnungslose Fälle, wie zum Beispiel die Töchter eines Freundes.

Sie betonen immer wieder die Verdienste des erhabenen Blutes Christi als das einzige Mittel, durch das wir erwarten können, dass unsere Gebete wirklich erhört werden. Aber jetzt brauche ich Ihre Hilfe, um für meine eigene Familie zu beten. Würden Sie mir bitte helfen? Mein Mann und ich leiden sehr, da unsere erwachsenen Kinder die Gemeinde verlassen haben, die sie während ihrer Jugendzeit so sehr geliebt hatten. Alle haben Partner geheiratet, die nicht in ihrer Kirche sind.

Unsere Gebete lassen uns jetzt einige Lichtblicke sehen. In den vergangenen Monaten haben unsere beiden Söhne Interesse bekundet, wieder in die Gemeinde ihrer Jugendzeit zurückzukehren, aber sie sehen sich so vielen Hindernissen gegenüber. Ihre Teenagerkinder sind es gewohnt, am Samstag ihren Vergnügungen nachzugehen. Ihre Frauen sind gläubig, fragen sich aber, wie wichtig es sei, den biblischen Sabbat in der heutigen Zeit noch zu halten. Vor allem würde die Rückkehr in die Kirche wahrscheinlich dazu führen, dass sie alle ihre Freunde verlieren. Und es gibt noch andere Schwierigkeiten, auf die sie stoßen würden.

Als ich ihren Brief las, musste ich zuallererst Gott an Ort und Stelle danken für die Gnade, die der Heilige Geist den Familienmitgliedern, für die sie beteten, bereits erwiesen hatte. Außerdem schloss ich sie und ihre Lieben gleich in meine Gebete ein. Ihr Brief fuhr mit folgenden Worten fort:

Unsere Tochter Lorena hat viel durchgemacht, seit ihr Mann sie und ihre fünfjährige Tochter Gloria verlassen hat. Im Moment ist sie unser Hauptanliegen. Vor langer Zeit engagierte sie sich in der New-Age-Bewegung und alles in ihrem Leben lief schief. Sie hatte sehr viele Probleme, die ihr zu schaffen machten, und sie versuchte tatsächlich zweimal, Selbstmord zu begehen. Wir glauben fest daran, dass es nur dem Eingreifen Gottes zu verdanken ist, dass sie noch am Leben ist. Ich kann hier nicht auf Einzelheiten eingehen, da es den Brief zu lang machen würde.

Der Hauptgrund, warum ich mich hier nun an Sie wende, ist, dass Sie in Ihren Büchern erzählt haben, wie der Herr getrennte Paare gesegnet hat, nachdem Sie für sie gebetet hatten, und wie sie wieder zueinanderfanden. Hierin besteht mein dringliches Anliegen: Lorenas Mann sprach vor zwei Tagen mit ihr über eine Scheidung. Eine solche endgültige Entscheidung würde, glaube ich, das Herz ihrer kleinen Tochter brechen.

Bitte, Herr Morneau, lassen Sie mich wissen, ob Sie meinen Brief erhalten und die Not unserer Kinder vor Gott gebracht haben.

Gott segne Sie reichlich!
Mary Shaffer

Ihr Brief erreichte mich im Juni 1993. Damals war ich mit meiner Korrespondenz drei Monate im Rückstand. Doch angesichts ihrer großen Not bemühte ich mich besonders, innerhalb von etwa drei Wochen zu antworten. Oft werde ich gefragt, wie ich mit schwierigen Situationen umgehe und was ich Menschen unter solchen Umständen rate. Aus diesem Grund lasse ich meine gesamte Antwort an Frau Shaffer folgen.

Liebe Frau Shaffer,

bitte entschuldigen Sie die lange Verzögerung meiner Antwort auf Ihren Brief. Gott hat die Wirkung meiner Bücher über die Kraft des Fürbittegebets weit über das hinaus gesegnet, was ich mir erträumt hatte, und ich erhalte Briefe und Telefonate nicht nur aus den USA und Kanada, sondern auch aus anderen Ländern. Und alle enthalten dringende Gebetsanliegen und Bitten. Mit Stand heute bin ich in meiner Korrespondenz so weit zurück, dass ich gerade den Leuten antworte, die mir schon vor Monaten geschrieben haben. Ich behandle im Allgemeinen Expressbriefe unverzüglich, da es in ihnen gewöhnlich um Leben und Tod geht. Doch in letzter Zeit erhielt ich so viele von ihnen, dass es mir schwerfiel, mich zu entscheiden, auf welche ich zuerst reagieren soll.

Ihren Brief vom 10. Juni habe ich gleich nach seinem Eintreffen mehrmals gelesen und dem Herrn in besonderer Weise vorgelegt. Ich bat um seine Gnade für Sie und Ihren Mann und legte Gott in allen Einzelheiten Ihre Not und Ratlosigkeit in Bezug auf Ihre Kinder dar. Besonders Lorena, die versucht hatte, Selbstmord zu begehen. Ich bin selbst Vater und verstehe daher sehr gut die Sehnsucht, die Sie in Ihrem Herzen haben, Ihre Kinder gerettet zu sehen. Deshalb ist Ihr Leid auch das meine.

Zudem habe ich für das Wohlergehen der kleinen Gloria gebetet. Ich habe auch darum gebetet, dass der Heilige Geist Gottes jedem von Ihnen die Gnade der Erlösung bewusst machen möge. Ich habe alle Ihre Namen auf meine Gebetsliste gesetzt und werde täglich für Sie beten. Die Macht der Sünde hat im Leben vieler Menschen die Fähigkeit zerstört, geistliche Dinge zu schätzen und den Thron der Gnade Gottes zu suchen. So werden sie unempfänglich für die Einladungen des Geistes Gottes und jeden Einfluss, der sie dazu ermutigen könnte, eine engere Beziehung zu Christus zu suchen. Deshalb mache ich es zu einem sehr wichtigen Teil meines Fürbittedienstes, Gott zu bitten, die Menschen geistlich und seelisch zu heilen, damit sie dann in der Lage sind, Dinge von ewiger Bedeutung zu schätzen und zu achten. Ich schlage auch Ihnen vor, dass Sie und ich auf diese Weise für Ihre Kinder und deren Familien beten. Und lassen Sie uns nicht vergessen, Gott täglich zu bitten, er möge ihnen die Verdienste des Blutes zurechnen, das Christus auf Golgatha für ihre Erlösung vergossen hat. Im Folgenden beschreibe ich Ihnen die wahre Quelle der göttlichen Kraft.

Wenn wir die göttliche Kraft empfangen wollen, für uns selbst oder für andere, müssen wir uns dorthin wenden, wo diese Kraft zu finden ist. Und die Kraft der Erlösung liegt in Golgatha. Daher empfehle ich, täglich Matthäus 27,24–54 zu lesen.

Je mehr wir uns mit diesen Versen vertraut machen, desto stärker werden wir durch die Inspiration des Heiligen Geistes und die rettende Macht Christi. Auch sollte uns stets bewusst sein, dass der Heilige Geist das einzige Mittel ist, mit dem wir der Sünde widerstehen und sie überwinden können. Nur durch ihn können wir ein sieg- und erfolgreiches christliches Leben führen, und nur durch ihn werden unsere Gebete die gleiche große Kraft in das Leben derer bringen, für die wir unsere Fürbitte einlegen.

Es ist auch in unserer heutigen Zeit sehr wichtig, unseren himmlischen Vater um seinen Heiligen Geist zu bitten, damit dieser unsere geistlichen Kämpfe für uns kämpft. Wenn wir auf diese Weise für diejenigen beten, die wir sehnlichst auf der Neuen Erde wiedersehen möchten, werden wir erleben, wie der Geist Gottes Wunder der Befreiung bewirkt, die so gewaltig sind wie die, von denen uns die Apostelgeschichte berichtet.

Im Buch Das Leben Jesu *heißt es: „Allein ein ernstes und beharrliches Flehen im Vertrauen zu Gott [...] kann dazu beitragen, dass Menschen in ihrem Kampf die Hilfe des Heiligen Geistes erfahren. Nur so kann der Kampf ‚gegen die bösen Mächte und Gewalten der unsichtbaren Welt, gegen jene Mächte der Finsternis, die diese Welt beherrschen, und gegen die bösen Geister in der Himmelswelt' (Eph 6,12 NLB) gewonnen werden."*[5]

Ich erhalte viele Zuschriften, die davon berichten, wie der Geist Gottes Leben verändert, aus verzweifelten Umständen befreit und Hoffnungslosen den Sieg ermöglicht hat. In dieser lebensfeindlichen Welt zu leben und in dieser Zeit, in der sich das Ende der Geschichte abzeichnet, ist keine leichte Aufgabe, aber wir haben die Zusage, dass Jesus uns durch alles führen wird. Und der Tag wird kommen, an dem wir als Überwinder dastehen und den Lohn

---

[5] Ebd., S. 416.

erhalten, den Jesus verheißen hat: „Wer überwindet, dem will ich zu essen geben von dem Baum des Lebens, der im Paradies Gottes ist." (Offenbarung 2,7)

Ich möchte Ihnen danken, dass Sie mich an Ihrem Leben teilhaben lassen.

Herzlich
Roger J. Morneau

Im Frühjahr 1994 erhielt ich einen zweiten Brief von Frau Shaffer.

Lieber Herr Morneau,

ich schreibe Ihnen, um Ihnen die Wunder mitzuteilen, die an unserer Tochter Lorena und an unseren zwei Söhnen geschehen sind. Mein Mann und ich haben Ihren sehr geschätzten Brief oft gelesen und sind der Anleitung, die Sie uns für das Gebet für unsere Lieben gegeben haben, sehr aufmerksam gefolgt. Der Herr hat uns auf wunderbare Weise gesegnet.

Lorena und ihr Mann Mike sind wieder zusammen. Welch eine Erfahrung, zu beobachten, wie der Heilige Geist in ihrer beider Leben wirkte! Zuvor war Lorena eine sehr anspruchsvolle Frau, die eigensinnig auf ihren Ansichten beharrte und ihren Mann dazu drängte, Dinge zu tun, an denen ihm eigentlich nichts lag. Andererseits hatte auch Mike seine Fehler. Er verbrachte sehr viel Zeit mit seinen kartenspielenden, biertrinkenden Freunden, vor allem an Samstagen bis tief in die Nacht.

Mikes katholische Erziehung und Lorenas adventistische Überzeugungen waren oft Anlass zu Streit, obwohl keiner von beiden in die Kirche ging. Auch wenn sie der Meinung waren, dass die kleine Gloria irgendeine Art von Glauben haben solle, erlaubten sie mir nicht, sie mit zur Kindersabbatschule zu nehmen. Dann, kurz nachdem Sie begonnen hatten, mit uns für unsere Anliegen zu beten, fragte Lorena mich, ob ich bereit wäre, Gloria in die Kirche mitzunehmen. Sie und Mike hatten ein langes Gespräch geführt und beschlossen, dass ihre Tochter nun Gott kennenlernen sollte.

Die Erfahrung war so außergewöhnlich, dass mein Mann und ich nicht anders können, als Gott jeden Tag dafür zu danken. Wir haben gesehen, wie der Heilige Geist dieses kleine Kind dazu gebrauchte, das Leben seiner Eltern zu segnen. Gloria erzählte ihnen, wie sie gebetet hatte, dass ihr Papa bald wieder nach Hause käme, damit sie wieder glücklich sein könne. Sie habe mit Jesus darüber gesprochen, dass ihre Eltern immer zankten, wenn sie zusammen waren. Also bat sie Gott, ihren Eltern neue Herzen zu schenken, wie der Prediger es in der Gemeinde beschrieben hatte, als er von Menschen sprach, die neue Herzen von Jesus erhalten hatten. Jetzt sind meine Tochter und mein Schwiegersohn sehr glücklich und streiten nicht mehr.

Diese Liebe der kleinen Gloria war eine mächtige Kraft, mit der Gottes Heiliger Geist die harten Herzen ihrer Eltern schmelzen ließ und begann, ihren geistigen und seelischen Zustand zu heilen. Dann kam die Überraschung unseres Lebens: Als Mike und Lorena uns eines Abends besuchten, sagte er uns in ihrer Gegenwart, wie erstaunt er über die großen Veränderungen war, die er in ihrem Leben beobachtet hatte. „Lorena, ich sage dir ganz ehrlich, ich möchte das haben, was du hast, das dich so ruhig und besonnen macht. Deine ganze Einstellung zum Leben hat sich verändert. Wie hast du das geschafft?", fragte Mike. Für sie war das ein wunderbares Kompliment und sie antwortete: „Mike, wenn du am kommenden Samstag mit mir in die Kirche gehst, werde ich dir auf dem Weg dorthin alles darüber erzählen." „Abgemacht!", sagte er.

Dies geschah in der Zeit, in der sie an vielen ihrer Probleme arbeiteten und ernsthaft darüber nachdachten, wieder zusammenzuziehen. Lorena hatte darum gebeten, dass wir für sie beten. Sie fühlte das Verlangen, Gott näherzukommen.

Und es gibt weitere gute Nachrichten. Unser ältester Sohn Harry und seine beiden Teenagerjungs sind einige Male mit zum Gottesdienst gekommen. Und unser anderer Sohn, James, war Kettenraucher gewesen und hatte ein großes Problem mit Alkohol. Durch die Gnade Gottes hat er diese beiden Übel vollständig hinter sich gelassen!

Ich danke Gott, unserem himmlischen Vater, und preise ihn für den Heiligen Geist und für Jesus, der sein Leben hingab, um uns das ewige Leben zu schenken.

Herr Morneau, ich bete jeden Tag für Ihre Familie und Ihren Fürbittedienst. Danke, dass Sie Gott erlauben, auf diese Weise durch Sie zu wirken, um so vielen Menschen mit Ihren Gebeten zu helfen.

Möge Gott Sie weiterhin segnen.

Herzlich
Mary Shaffer

Mit den Kräften am Ende

Kurz nach Erscheinen meines zweiten Buches über das Gebet im Frühjahr 1993 erhielt ich einen Brief von einer Frau, die seit sechsunddreißig Jahren verheiratet war. Sie hatte zwei wunderbare Kinder großgezogen, und das unter der tyrannischen Kontrolle eines Mannes, dessen Verhalten man mit dem Begriff „christliche Arroganz" beschreiben muss.

Als Angestellter der Kirche hielt er sich für einen ausgezeichneten Christen und über andere erhaben. Er behandelte viele mit kalter Gleichgültigkeit. Seine Frau Florence (Namen geändert) war seit geraumer Zeit in psychologischer Behandlung, da sie fürchtete, ihren Verstand zu verlieren. Ihr Mann Leo hingegen spürte selbst keine Notwendigkeit, sich beraten zu lassen, da er, wie er glaubte, kein Problem habe. „Warum sollte ich meine Zeit und mein Geld für etwas verschwenden, das ich nicht brauche?", meinte er. Nachdem Florence den zweiten Band meines Buches *Nicht zu fassen* gelesen hatte, kam sie zu dem Schluss, dass ihr Mann Leo nur durch die Gnade von Jesus, durch seine Fürbitte vor dem himmlischen Vater und durch die umwandelnde Kraft des Heiligen Geistes ein anderer Mensch werden konnte.

Der Eheberater hatte Florence bereits nahegelegt, dass es an der Zeit sei, sich scheiden zu lassen und die destruktive Beziehung zu beenden. Aber jedes Mal, wenn sie die Gebetserfahrungen in meinen Büchern las, keimte neue Hoffnung in ihrem Herz auf, dass sich Leos Charakter doch noch zum Guten verändern könnte. Sie schrieb mir:

Herr Morneau,
wären Sie so freundlich, ebenfalls für mich zu beten, damit unsere Ehe gerettet werden kann und Leo einsehen darf, welch schreckliche Person er bisher gewesen ist? Könnten Sie darum beten, dass er einen Sinneswandel erfährt? Ich bitte Gott nicht darum, dass er ihn vollkommen macht, sondern nur, dass er wie die meisten Ehemänner in unserer Kirche rücksichtsvoll und bereit wird, zuzuhören, wenn ich ihm Änderungen vorschlage, die unser Zusammenleben etwas erleichtern würden. Eine Scheidung ist das Letzte, was ich will, doch mein Therapeut sagt mir, dass sich meine seelische Verfassung unter der Belastung, mit der ich lebe, nicht bessern wird. Wenn sich Leo daher nicht bald zum Besseren verändert, werde ich gezwungen sein, die Scheidung einzureichen.

In meiner Antwort bemühte ich mich, sie zu ermutigen, ohne ihr falsche Hoffnungen zu machen. Ich betonte die Tatsache, dass, obwohl Gott alles möglich ist, eines im Hinterkopf behalten werden sollte: Gott wird Leo nie zu etwas zwingen, was er selbst nicht tun will. Die Wahlfreiheit ist ein kostbares Geschenk, das Gott uns allen gegeben hat, und er wird sie niemandem wegnehmen, unabhängig davon, wie sehr wir auch für diese Person beten mögen.

Ich erklärte jedoch, dass ihr Wunsch nach einer positiven Charakterentwicklung ihres Mannes durch den vollkommenen Erlösungsplan unseres himmlischen Vaters in Erfüllung gehen könne; sprich, dass der Heilige Geist durch unsere vereinten Gebete Leo einige der Gaben des Geistes zuteilwerden lassen kann, die auch den Charakter Christi schmücken.

Ich lud sie ein, sich mit mir im täglichen Gebet zu vereinen, damit der Heilige Geist ihrem Mann sechs kostbare Gaben schenke. „Die ersten drei", schrieb ich, „sind himmlische Liebe, himmlische Freude und himmlischer Frieden. Diese Gaben haben einen festigenden Einfluss auf den sündigen menschlichen Geist und können ihn wieder ins Gleichgewicht bringen." Die anderen drei Faktoren, Geduld, Freundlichkeit und Güte, würden weitere Wunder bewirken. Wenn diese göttlichen Gaben einem Menschen durch die Kraft „des Geistes, der da lebendig macht in Christus Jesus" (Römer 8,2) geschenkt werden, vermögen sie einen Tyrannen in einen Heiligen, eine arrogante Person in einen Menschen zu verwandeln, der das Wohl anderer über sein eigenes setzt – und zwar mit freudigem Herzen.

Bevor ich meinen Brief an Florence schloss, erinnerte ich sie daran, dass alle jene, die in Gottes Königreich hineingerettet werden, diese erwähnten himmlischen Eigenschaften besitzen werden. Daher sollten wir nie zögern, Gott zu bitten, dass er sie uns und anderen schenken möge.

Ein Jahr verging, dann erhielt ich einen Brief, der mich noch Tage danach mit Freude erfüllte. Ja, Leo ist in der Tat ein anderer Mensch geworden! Sein Leben wurde durch das Licht des Himmels erleuchtet und ist durch die Herrlichkeit Gottes gesegnet.

„Unsere Beziehung hat sich um mehr als neunzig Prozent verbessert", schrieb Florence. „Ich würde gerne hundert Prozent schreiben, aber nach meiner Einschätzung wäre das Perfektion, und die haben wir noch nicht erreicht." Sie durfte mit Erstaunen feststellen, wie sich die Einstellungen ihres Mannes gravierend verändert hatten. Er war nun sehr rücksichtsvoll gegenüber anderen. Um ein Beispiel zu geben, erzählte sie mir von einer Überraschung, die er ihr bereitet hatte. Eines Abends kam er mit einem großen Umschlag von der Arbeit nach Hause und küsste und umarmte sie. Dann bekannte er ihr, wie sehr er die Jahre der hingebungsvollen Fürsorge schätzte, die sie ihm und ihren Kindern gewidmet hatte. Er sagte, das große Kuvert sei ein Dankeschön, und bat sie, es zu öffnen. Zum Vorschein kamen wunderschöne Broschüren einer Reiseagentur, in denen die für sie gebuchte zweiwöchige Luxuskreuzfahrt nach Südamerika vorgestellt wurde. Sie schloss ihren Brief mit dem Kommentar: „Leo ist wirklich ein gütiger, lieber und guter Mann geworden."

Es ist einfach immer wieder wunderbar, Menschen erzählen zu hören, wie der Heilige Geist im Leben der Personen wirkte, für die sie beten. Ich betrachte solche Veränderungen als Berge, die Gott auf ihrem Weg zur Erlösung versetzt, um ihnen den Weg zur Stadt Gottes frei zu machen.

Kapitel 4

Ich stehe dazu

Ja, ich habe das wirklich so gesagt und ich zögere nicht, es noch einmal zu wiederholen. Ich schreibe hier darüber, damit die Leute mich nicht mehr per Brief fragen müssen, ob ich wirklich eine so „schockierende Aussage" gemacht habe, und damit ich nicht immer wieder erklären muss, warum ich diese beunruhigende Feststellung über Splitterbewegungen der Siebenten-Tags-Adventisten treffe.

Ich liebe meinen Herrn Jesus und schätze das große Opfer, das er für unsere Erlösung erbracht hat. Darum will ich nicht schweigen, wenn ich weiß, dass dämonische Geister ihr Spiel mit den Christen treiben, die Gottes Gebote wahren, im Bestreben, das Werk des Herrn zu behindern und sie, wenn möglich, in den ewigen Tod zu führen.

Im Folgenden also meine viel diskutierte Aussage. Wir leben in einer besonderen und ernsten Zeit, Jesus wird bald wiederkommen. Ich bin fest davon überzeugt: Wenn jemand sich ausführlich mit all den verschiedenen Splittergruppen der Siebenten-Tags-Adventisten auseinandersetzt, führt Satan ihn in Wirklichkeit auf eine Ochsentour und verwirrt ihn. Mit anderen Worten, dämonische Geister stehlen ihm wertvolle Zeit, während er sich mit Dingen beschäftigt, die vom Gesichtspunkt der Ewigkeit aus keinen Pfifferling wert sind. Dinge, die nichts dazu beitragen, das Werk Christi auf Erden voranzubringen.

Was das Volk Gottes hingegen gerade in der letzten Zeit der Menschheitsgeschichte dringend braucht, ist eine feste Beziehung zu Gott. Wir müssen mit der göttlichen, mitfühlenden Liebe von Jesus erfüllt werden.

Jeder Einzelne sollte seine ganze verfügbare Zeit damit verbringen, für die Erlösung der Menschen um sich herum zu beten und zu wirken. Gottes Volk sollte andere dazu bringen, den auf Golgatha gekreuzigten Christus als ihren einzigen Weg zur Erlösung anzunehmen.

Seit Erscheinen des ersten Bands meines Buches *Nicht zu fassen* Anfang 1990 haben mir viele Personen, die wegen adventistischer Splittergruppen, Reformbewegungen und anderer Gruppierungen beunruhigt waren, Videokassetten und verschiedene Veröffentlichungen solcher Organisationen zugeschickt. Sie baten mich, ihnen meinen Standpunkt zu den verschiedenen Gruppierungen darzulegen. Als Resultat verbrachte ich in den vergangenen fünf Jahren sehr viele Stunden damit, mir Videos anzusehen und unter Gebet viele ihrer Publikationen zu lesen.

Nachdem ich das alles studiert habe, muss ich offen gestehen, keinen einzigen Aspekt gefunden zu haben, der mich zu einer dieser Organisationen hingezogen hätte. Ich sehe nichts, was meiner christlichen Erfahrung helfen würde oder unseren Herrn und Erlöser Jesus Christus über das hinaus verherrlichen würde, was der Geist Gottes bereits in meinem Leben tut.

Je mehr ich über die Frage dieser sogenannten Reformbewegungen nachdachte, studierte und betete, desto überzeugter wurde ich, dass es an der Zeit war, eine Aussage niederzuschreiben, die ich im Jahr 1946 von einem Hohepriester einer Geheimgesellschaft, die Geister anbetete, gehört hatte. Dieser Hohepriester beschrieb Satans Masterplan, die Kirche der Siebenten-

Tags-Adventisten zu spalten. Deshalb schrieb ich ein persönliches Zeugnis und schickte es an jeden, der mich nach meiner Meinung zu diesem Thema fragte. Hier ist es.

Ein persönliches Zeugnis

Seit über hundert Jahren ist die Kirche der Siebenten-Tags-Adventisten darin tätig, einer gefallenen Menschheit Gottes Liebe zu offenbaren, indem sie den in Jesaja 58 beschriebenen Weg der Frömmigkeit zur Erfüllung bringt. Zur Verherrlichung Gottes setzt sie sich weltweit für Bedürftige ein und versorgt sie mit Nahrung, Kleidung, Obdach und medizinischer Hilfe. Und vor allem ermutigt sie ihre Mitglieder, ihre Mittel einzusetzen, um das Brot und das Wasser des Lebens zu den Menschen zu bringen, die in den entlegensten Winkeln der Erde unseres verlorenen Planeten leben.

Im Jahr 1946, als ich einer Gruppe von Satansanbetern angehörte, hörte ich den Hohepriester dieser Geheimgesellschaft sagen, dass „der große Meister" (gemeint war Satan) keine andere Kirche auf der Erde so sehr hasse wie die der Siebenten-Tags-Adventisten. Er erklärte, dass Satan und seine Hauptberater, die ranghöchsten Geister in seinem Reich, nach Wegen suchten, die Kirche der Siebenten-Tags-Adventisten in viele Splittergruppen zu zerlegen.

Eine ihrer Strategien sei es, Adventisten, die über einen hohen Intellekt und große Fähigkeiten verfügten, dahin zu führen, Unzufriedenheit und Misstrauen unter den Menschen zu säen. Sie würden Fehler, die ihre Leiter begangen hätten, groß aufbauschen und hartnäckig darauf herumreiten. Dämonische Geister würden dann entschlossen darauf hinwirken, dass die Gedanken der Gläubigen dahingehend beeinflusst würden, zu glauben, die gesamte Leitung der Kirche sei korrupt und der Schöpfer habe seine Gemeinde verworfen. Infolgedessen, so prophezeite der Hohepriester, würden viele ihre Gaben und ihren Zehnten aus der Kirche zurückziehen, was dazu führe, dass viele der sozialen Dienste der Gemeinde, die sie so lange erfolgreich durchgeführt habe, aufgegeben werden müssten.

Der Hohepriester fuhr fort: „Das wird ein großer Tag für unseren Meister und seinen Beraterstab sein, wenn die Kirche der Siebenten-Tags-Adventisten in Splittergruppen zerfällt. Es wird ein ganz großes Fest geben."

Wenige Monate nachdem ich Zeuge dieser Aussage geworden war, ließ mich Gott in seiner Barmherzigkeit einen Siebenten-Tags-Adventisten treffen. Wir studierten eine Woche lang jeden Abend für vier Stunden die Bibel miteinander und absolvierten so achtundzwanzig Bibelstunden. Ich begann unmittelbar darauf, den biblischen Ruhetag der Schöpfung zu halten, und tue es durch die Gnade Gottes noch heute achtundvierzig Jahre später – und das, obwohl die Spiritisten ein Kopfgeld von zehntausend Dollar auf mich ausgesetzt hatten.

Ich liebe meine Gemeinde! Ich liebe die Kirche der Siebenten-Tags-Adventisten. Durch die Gnade Gottes werde ich sie immerzu lieben.

In tiefer Verbundenheit
Roger J. Morneau

Jubel im Herrn

Viele, denen ich mein persönliches Zeugnis mit einer Antwort auf ihren Brief geschickt hatte, meldeten sich wieder bei mir. Sie bedankten sich für die Zusammenstellung biblischer Prinzipien wie Frieden, Zufriedenheit und Trost in Gott. Manche Briefe zeugten von großen seelischen und geistlichen Nöten. Ich möchte das mit einigen Auszügen aus einem langen Brief illustrieren, der im Januar 1994 von einem Mann geschrieben wurde, der drei Jahre zuvor Adventist geworden war.

In seinem zweiten Brief bedankte er sich begeistert für die Hilfestellungen, die ich ihm geben konnte.

Lieber Bruder Morneau,

es ist mir eine Ehre, Ihnen diesen Brief zu schreiben. Ich grüße Sie im Namen unseres bald wiederkommenden Herrn und Heilands Jesus Christus! Ich möchte mich kurz vorstellen: Ich bin ein getaufter Siebenten-Tags-Adventist und lebe in Ontario, Kanada. Ich bin vierzig Jahre alt, seit fünfzehn Jahren verheiratet und Vater einer wunderbaren Tochter.

Im Juni 1993 haben meine Frau und ich Nicht zu fassen – Band 1 *gelesen, was einen prägenden Einfluss auf unser Leben hatte. [...] Ich schreibe Ihnen aus einem inneren Bedürfnis heraus und auch deshalb, um Ihnen einige meiner Schwierigkeiten darzustellen, für die zu beten ich Sie bitten möchte.*

Bruder Morneau, ich liebe Gott von ganzem Herzen und ich sehne mich danach, jederzeit seinen Willen zu tun. Kürzlich wurde die Schwester meiner Frau mit der Reformbewegung der Siebenten-Tags-Adventisten bekannt. Sie ließ sich daraufhin wiedertaufen und schloss sich der Gemeinde an. Nun interessiert sich meine Frau ebenfalls für die Lehren dieser Bewegung. Ich stelle fest, dass sie fast alle Materialien, Bücher usw. nutzen, die die offizielle Kirche der Siebenten-Tags-Adventisten auch verwendet.

Meine Frau und ich geraten wegen ihres Interesses an dieser Bewegung in Streit. Wissen Sie Näheres über diese Leute? Ist das eine neue Abspaltung? Falls ja, wissen Sie, wie es dazu kam? Sie zitieren ständig aus den Schriften von Ellen White, um ihre Lehre zu untermauern. Wir brauchen hier wirklich die Führung des Heiligen Geistes.

Ich schreibe Ihnen nicht einfach nur so, sondern weil ich Ihre Gebete und Gottes Führung brauche. Ich leide, und meine Frau leidet wahrscheinlich auch. Bitte nehmen Sie meine Frau und mich auf Ihre Fürbitteliste. Es ist mein tiefster Wunsch, dass meine Familie für immer mit Jesus zusammen ist.

Meine Frau schickt Ihnen ein paar Seiten Material über die Themen, wegen der wir hinsichtlich unseres Glaubens und der Überzeugungen der Reformbewegung Auseinandersetzungen haben. Bitte teilen Sie uns Ihre Ansichten dazu mit.

*In christlicher Verbundenheit
Martin*

Ich muss leider feststellen, dass höchst aggressive Personen entschlossen sind, das Volk Gottes zu verwirren und zu ihrer Sache zu bekehren. Einige der Menschen, die sie ansprechen, fühlen sich so hilflos, dass sie viel Zeit aufwenden, mir lange Briefe zu schreiben. Ein Brief, den ich vor ein paar Monaten erhielt, war ganze neunzehn handschriftliche Seiten lang!

Zuallererst möchte ich auf ein Buch aufmerksam machen, das ich vor einigen Monaten las. Ich halte es für meisterlich, da es allen, die Gottes Gebote halten, deutlich macht, wo ihr Standpunkt ist, wenn der Sturm der Verwirrung über die Gemeinde braust. Ich betrachte Clifford Goldsteins Buch *The Remnant*[1] (dt. „Die Gemeinde der Übrigen") als großartige Schutzwehr, um die geistige Gesundheit und Ausgewogenheit zu bewahren. Es ist ein Buch, das seine Leser vor den Fallen von Extremisten und Fanatikern bewahren möchte. Ich wünschte mir, dass jeder Adventist es sich kauft und es mit einem betenden Herzen liest, damit der Heilige Geist ihn segnet.

Bevor ich dem Mann aus Kanada antwortete, hatte ich jede Frage und jeden Punkt, den er angesprochen

---

[1] Clifford Goldstein, *The Remnant: Biblical Reality or Wishful Thinking*, Nampa, Idaho 1994. (Anm. d. Red.)

hatte, sorgfältig geprüft. Ich betonte die Wichtigkeit, allein zur Ehre Christi zu leben und für die Erlösung anderer zu arbeiten. Außerdem führte ich ihm die Belohnung vor Augen, die bei der Wiederkunft Jesu auf uns wartet. Im Folgenden einige Ausschnitte aus meinem längeren Antwortbrief:

Lieber Bruder Martin!
Ich habe deinen Brief gleich nach Erhalt viele Male gelesen und dem Herrn auf eine ganz besondere Weise vorgelegt. Ich bat um Gottes Gnade für dich und deine Frau und legte ihm sehr detailliert die Not und Verwirrung dar, in die ihr wegen der Reformbewegung der Siebenten-Tags-Adventisten geraten seid. […]

Ihr sollt wissen, dass ich euren tiefen Wunsch sehr bewundere, durch den Heiligen Geist mehr Einsicht zu gewinnen, um nicht vom Weg des Herrn weggeführt zu werden. Eine Aussage in deinem Brief hat mich tief berührt und mich veranlasst, gleich auf die Knie zu gehen und für euch beide zu Gott zu beten. Du schriebst: „Ich schreibe Ihnen nicht einfach nur so, sondern weil ich Ihre Gebete und Gottes Führung brauche. Ich leide, und meine Frau leidet wahrscheinlich auch. Bitte nehmen Sie meine Frau und mich auf Ihre Fürbitteliste."

Diese Aufrichtigkeit und dieser Durst nach Gottes besonderer Gnade und Führung berühren mich immer zutiefst. Sie veranlassen mich, mit Gott im Gebet zu ringen, damit er ein solch intensives Verlangen mit seinen reichsten Segnungen beantworten möge.

Seid versichert, dass ich eure beiden Namen in meine ständige Fürbitteliste aufgenommen habe – und von dort sollen sie nicht wieder gestrichen werden. Ich werde täglich ohne Wenn und Aber für euch im Gebet einstehen, denn es ist mein großer Wunsch, euch liebe Menschen einmal auf der Neuen Erde zu treffen.

Zunächst muss ich sagen, dass mir schon viele Menschen von ihrer Not und Verwirrung über Splittergruppen der Adventisten und andere Abspaltungen berichtet haben. Sie haben mir Videokassetten und alle möglichen Publikationen zugeschickt und mich nach meiner Meinung dazu gefragt.

Ich kann zu Recht sagen, dass ich viele, sehr viele Stunden damit verbracht habe, Videos anzusehen und entsprechende Publikationen, unter Gebet prüfend, zu lesen. Meine Schlussfolgerung dazu ist diese:

„Wir leben in einer besonderen und ernsten Zeit, Jesus wird bald wiederkommen. Ich bin fest davon überzeugt: Wenn jemand sich ausführlich mit all den verschiedenen Splittergruppen der Siebenten-Tags-Adventisten auseinandersetzt, führt Satan ihn in Wirklichkeit auf eine Ochsentour und verwirrt ihn. Mit anderen Worten, dämonische Geister stehlen ihm wertvolle Zeit, während er sich mit Dingen beschäftigt, die vom Gesichtspunkt der Ewigkeit aus keinen Pfifferling wert sind. Dinge, die nichts dazu beitragen, das Werk des Herrn Jesus auf Erden voranzubringen."

Das ist kein neues Problem. Schon in den Tagen der frühchristlichen Kirche lenkten bestimmte religiöse Führer die Menschen mit Dingen ab, die nichts mit ihrer ewigen Erlösung zu tun hatten. In Philipper 3,2 bezieht sich der Apostel Paulus mit folgenden Worten auf sie: „Nehmt euch in Acht vor den Hunden, nehmt euch in Acht vor den böswilligen Arbeitern, nehmt euch in Acht vor der Zerschneidung!"

An dieser Stelle möchte ich deine Aufmerksamkeit auf etwas lenken, das euch in diesem gegenwärtigen Leben segnen und Früchte hervorbringen wird, die bis in die Ewigkeit reichen. Bring dich ein, für die Erlösung anderer zu beten. Und wenn wir göttliche Kraft benötigen, während wir für andere beten, müssen wir uns dorthin wenden, wo diese Kraft zu finden ist: zu den Verdiensten Christi auf Golgatha.

Ich empfehle dir daher, täglich die Darstellung von der Kreuzigung Christi in Matthäus 27 zu lesen. Je mehr wir mit diesen Versen vertraut werden, umso mehr wird uns der Heilige Geist erfüllen und uns Einsicht schenken in die erlösende Kraft von Jesus Christus. Außerdem sollten wir uns stärken, indem wir uns bewusst machen, dass der Heilige Geist das einzige Mittel ist, mit dem wir der Sünde widerstehen und sie überwinden können. Nur durch ihn können wir ein sieg- und erfolgreiches christliches Leben führen. Mit dem Heiligen Geist in unserem Leben werden unsere Gebete dieselbe große Kraft im Leben derer entfalten, für die wir Fürsprache einlegen.

Es ist auch in der heutigen Zeit entscheidend, unseren himmlischen Vater um seinen Heiligen Geist zu bitten, damit er unseren Kampf gegen das Ich, die Sünde und satanische Mächte führt. Wenn wir auf diese Weise für diejenigen beten, die wir auf der Neuen Erde sehen wollen, werden wir erleben, wie der Geist Gottes große Wunder zu ihrer Erlösung wirkt.

In den letzten Tagen der Menschheitsgeschichte zu leben ist keine leichte Aufgabe, aber wir haben die Verheißung, dass Jesus uns durch alles hindurchtragen wird.

Herzlich
Roger J. Morneau

Waco genauer betrachtet[2]

Vor einiger Zeit wurde die schwer bewaffnete Festung auf dem Anwesen der Branch Davidians[3] in der Nähe von Waco, Texas gestürmt. Für Wochen beherrschte diese Begebenheit die Nachrichten auf der ganzen Welt. Kriminologen, Strafverfolgungsanalysten, Militärexperten, Soziologen, Psychiater, Verhaltensforscher, Religionswissenschaftler und viele andere verwandten viele Monate darauf, diese Tragödie und ihre Gründe zu verstehen.

Im Fernsehen wurden Reportagen gesendet und in Zeitungen waren detaillierte Berichte von Experten zu lesen, die versuchten zu erklären, wie David Koresh so viele Menschen in den Tod führen konnte. Als Rentner hatte ich viel Zeit, mich damit eingehender auseinanderzusetzen.

Die beste und zutreffendste Erklärung für Waco, die ich je gehört habe, kam nicht von den Männern und Frauen, die den Fall aufarbeiteten, sondern von jenem erwähnten satanistischen Priester. Er erklärte bereits

---

[2] Im Jahr 1993 hatte sich die schwer bewaffnete Gruppe um den Sektenführer David Koresh (eigentlich Vernon Wayne Howell, 1959–1993) auf ihrem Mount Carmel genannten Anwesen in Waco, Texas verschanzt. Nach 51-tägiger, medienwirksamer Belagerung des Anwesens stürmte die FBI am 19. April 1993 die Ranch und löste ein Blutbad aus. An diesem Tag starben mehr als 80 Menschen, darunter Frauen und Kinder wie auch der Anführer Koresh selbst. (Anm. d. Red.)

[3] Bei den *Branch Davidians* (dt. „Davidianischer Zweig") handelt es sich um eine Abspaltung der *Davidian Seventh-day Adventists* (dt. „Davidianische Siebenten-Tags-Adventisten"), die wiederum 1935 von dem ehemaligen Adventisten und bulgarischen Immigranten Victor Houteff in Waco gegründet wurden. Houteff behauptete, er habe eine besondere Vision (*The Shepherd's Rod*) für Adventisten erhalten, wurde aber aufgrund irriger Lehrmeinungen von den Adventisten ausgeschlossen. (Anm. d. Red.)

im Jahr 1946, wie dämonische Geister charismatische Persönlichkeiten benutzten, um andere Menschen zu manipulieren und sie in die verschiedensten Arten von Abhängigkeiten zu führen. Er behauptete, ihre besten Vertreter seien in der religiösen Welt zu finden. Er fügte hinzu, dass Dämonen in der Lage seien, Gedanken und Bilder derart in den menschlichen Verstand einfließen zu lassen, dass die Menschen glaubten, es handle sich um ihre eigenen Gedanken. Sie könnten zudem starke Gefühle und eine Liebe zum Extremen auslösen. „Wenn eine Person einmal diesen Punkt erreicht hat", sagte er, „sind die Dämonen in der Lage, ihre Intelligenz lahmzulegen und die totale Kontrolle über sie zu gewinnen."

Im Buch *Der große Kampf* beschrieb Ellen White die Macht, die solche Geister über Menschen ausüben können, die sich solcher Wirkweisen nicht bewusst sind: „Solange wir ihre Täuschungen nicht bemerken, besitzen sie einen enormen Vorteil. Viele achten auf ihre Eingebungen und glauben, eigenen Ideen und eigener Weisheit zu folgen."[4]

Die Branch Davidians frönten einem Glauben, der allen extremen und fanatischen Gruppen zu eigen ist. Sie waren absolut davon überzeugt, dass sie allein die Wahrheit hätten und sie verstünden, und dass sie allein die wahren Nachfolger Gottes seien. Sie hielten ihren großen Eifer, mit dem sie für ihre Überzeugungen einstanden, für einen Beweis des Wirkens des Heiligen Geistes.

Es ist bestürzend, dass wir so viel Vertrauen in menschliche Gefühle setzen und nicht erkennen, dass die übernatürlichen Feinde von Jesus Experten darin sind, den Menschen ein gutes Gefühl über schlechte Dinge zu vermitteln.

---

[4] Ellen White, *Vom Schatten zum Licht*, S. 470.

Die Kirche der Siebenten-Tags-Adventisten ist eine Gemeinde der Prophetie, eine Kirche, die von Gott erwählt wurde. Der Herr der Herrlichkeit bestimmte sie dazu, das Evangelium in der ganzen Welt zu predigen, bis zur Wiederkunft. Ellen White beschrieb sie als „das Objekt auf Erden, dem Gott seine höchste Aufmerksamkeit zollt"[5]. Doch gegenwärtig geht diese Gemeinde durch die gleichen Erfahrungen wie die frühchristliche Kirche in den Tagen des Apostels Paulus.

Es bekümmerte den großen Mann Gottes, dass mächtige Kräfte versuchten, die Gemeinde in Galatien davon zu überzeugen, sich vom Evangelium Christi abzuwenden. Paulus wandte sich sogleich in einem Brief an sie, um sie durch die Gnade Gottes wieder zur gesunden Lehre zurückzuführen: „Mich wundert, dass ihr euch so bald abwenden lasst von dem, der euch berufen hat in die Gnade Christi, zu einem andern Evangelium, obwohl es doch kein andres gibt. Es gibt nur einige, die euch verwirren und wollen das Evangelium Christi verkehren. Aber selbst wenn wir oder ein Engel vom Himmel euch ein Evangelium predigen würden, das anders ist, als wir es euch gepredigt haben, der sei verflucht." (Galater 1,6–8)

Es ist daher mein Appell an alle, die Gottes Gebot halten, ihr Leben neu Jesus, unserer einzigen Kraft und unserem Erlöser, zu weihen. Beten wir darum, dass er uns jeden Tag die Verdienste seines Todes zurechnet und dass der Heilige Geist auf uns ruht und uns Christus näher bringt, als wir es je für möglich gehalten hätten.

Jene, die sich aus welchen Gründen auch immer von der Gemeinde Gottes getrennt haben, ermutige

---

[5] Ellen White, *Testimonies to Ministers and Gospel Workers*, o. O. 1923, S. 15.

ich, zurückzukehren. Mögen all jene, die durch die Lieblosigkeit anderer verletzt wurden, Vergebung walten lassen und ebenfalls zurückkehren. Es ist mein Gebet, dass diejenigen unter uns, die Gottes Gemeinde verlassen haben – was auch immer der Grund dafür gewesen sein mag –, zurückkehren. Andere, die zu dem Glauben verleitet wurden, sie müssten aus der Kirche der Siebenten-Tags-Adventisten austreten, erkennen nach dem Lesen dieses Kapitels vielleicht, dass satanische Mächte mit ihrem Weggehen zu tun haben könnten. Ich bitte sie inständig, zurückkehren.

Und alle jene, die die Gemeinde nie verlassen, aber ihr nur einen halbherzigen Dienst erwiesen haben, möchte ich dazu aufrufen: Lasst uns einen Neuanfang wagen, einen, der die Aufmerksamkeit aller Wesen im Universum und der Engel des Himmels auf sich zieht, weil sie unsere neue Liebe zu Christus sehen! Zu all diesen Menschen sage ich: Lasst uns näher an unseren Herrn und näher zueinander rücken, damit wir bald mit ihm im Neuen Jerusalem sein können.

Kapitel 5

Die Last alter Schuld

Die Hunderte von Briefen, die ich von gläubigen Menschen seit Februar 1990 erhalten habe, lassen ein höchst beunruhigendes Muster erkennen: Die meisten Menschen beurteilen ihre Beziehung zu Gott fast ausschließlich nach ihren Gefühlen.

Zuweilen haben einige das Gefühl, Gott sei weit weg. Andere denken, ihre Gebete richteten in Wirklichkeit ohnehin nicht viel aus, sodass sie den Alltag ohne Gebet zu meistern versuchen. Und viele können nicht herausfinden, was sie eigentlich daran hindert, glückliche Christen zu sein.

Aber vor allem macht mich eines besonders betroffen: Es bedrückt mich, Briefe von einsamen Christen zu lesen, die davon überzeugt sind, die Folgen ihrer vergangenen Sünden hingen ihnen immer noch nach. Sie meinen, Gott halte ihnen ihre Sünden immer noch vor. Sie berichten ausführlich über die schlechten Dinge, die sie taten, bevor sie Christen wurden, und fragen dann: „Wie könnte Gott so etwas Schlechtes jemals vergeben?"

In diesem Kapitel möchte ich aufzeigen, wie wir mit Schuldgefühlen wegen schlechter Taten in der Vergangenheit umgehen können. Vor allem ist es mein Anliegen, zu zeigen, wie man es vermeidet, darüber in eine Depression zu geraten. Denn einige typische Aussagen meiner Leser gingen deutlich in diese Richtung.

Hier einige Beispiele:

> „Depression und Entmutigung bestimmen mein Leben, und es ist mir nicht möglich, ihrer Herr zu werden."

> „Ich würde mich freuen, wenn Sie für mich beten könnten, denn ich werde fast verrückt. Ich habe ein Problem mit Depressionen. [...] Mein Glaube ist schwach und meine Stimmung ist sehr düster."

> „Ich schreibe in der Hoffnung, dass Sie vielleicht bereit sind, für mich zu beten. Ich leide schon seit langer Zeit unter Depressionen, sodass es mir zeitweise nicht mehr möglich ist, vernünftig zu reden und zu denken. Obwohl ich in medizinischer Behandlung bin, konnten mir die Ärzte nicht viel helfen."

> „Ich sagte meinem letzten Arzt, es schiene mir manchmal so, als wirke eine Macht auf mich ein, die ich nicht abschütteln könne. Er riet mir, mit meinem Pastor darüber zu sprechen, denn es könnte sein, dass mich dämonische Mächte plagten. Glauben Sie, dass so etwas in meinem Leben passieren könnte? Ich bin ein Mensch, der Gott liebt und sein ganzes Leben lang ein guter Adventist war."

Vergebung annehmen

Viele Christen haben Mühe, die Tatsache zu akzeptieren, dass Gott wirklich alle ihre Sünden vergeben hat. Drei Gründe verhindern diese Akzeptanz – und durch Gottes Gnade können alle drei überwunden werden.

Erstens wirkt in unserer gefallenen menschlichen Natur etwas, was ich als *die Kraft der Trennung von Gott* bezeichne. Sie setzt sich aus zwei Elementen zusammen: *Misstrauen gegenüber Gott* und *Unglaube*. Beides sind überwältigende Kräfte, die bereits unzählige Leben im Laufe der Menschheitsgeschichte zerstört haben. Auch die Bibel erwähnt sie, wenn sie zum Beispiel von den Menschen berichtet, die sich weigerten, Noahs Arche zu betreten, und während der Sintflut umkamen. In ähnlicher Weise misstrauten die Israeliten Gott, obwohl er sie bereits durch ein Wunder nach dem anderen aus Ägypten befreit hatte. Diese heimtückische Kraft verführte sie, all die guten Dinge, die Gott ihnen über das Land der Verheißung erzählt hatte, anzuzweifeln. Als Folge davon starben sie in der Wildnis.

Zweitens fällt es Menschen schwer, an die Vergebung ihrer Sünden zu glauben, weil sie *geistlich verhungert* sind. Kommen Zweifel in ihnen auf, so haben sie keine geistliche Widerstandskraft, nichts, das sie positiv unterstützen könnte. Hier ein Beispiel: Vor ein paar Tagen telefonierte ich mit einer Frau, die mit ihrem Leben als Christin sehr unzufrieden war. Um ihr Vertrauen in Gott zu stärken und ihr zu zeigen, dass er ein unendliches Interesse an unserem Wohlergehen hat, zitierte ich jene bekannte Verheißung der Bibel: „Wenn wir aber unsre Sünden bekennen, so ist er treu und gerecht, dass er uns die Sünden vergibt und reinigt uns von aller Ungerechtigkeit." (1. Johannes 1,9) Unmittelbar fragte sie, ob ich ihr sagen könne, wo denn dieser Text stünde. Sie kannte ihn nicht einmal.

Häufig ermutige ich die Leute dazu, sich Bibelverse einzuprägen, damit der Heilige Geist sie in Zeiten der Not daran erinnern kann. Auf diese Weise kann er sie dann mit Hoffnung und Gottvertrauen erfüllen und ihnen Kraft verleihen, dem Bösen zu widerstehen. Es freut mich, so vielen Menschen zu begegnen, die fest entschlossen sind, Gott näherzukommen, indem sie sein heiliges Wort auswendig lernen. Ich sehe, wie der Heilige Geist hier wirkt!

Drittens können viele Menschen Gottes Vergebung nur schwer akzeptieren, da „[Satan] auch heute versucht […], Menschen zu überwältigen, wie er es damals mit unseren ersten Eltern tat, indem er das Vertrauen zu ihrem Schöpfer erschüttert und sie verleitet, die Weisheit seiner Herrschaft und die Gerechtigkeit seines Gesetzes anzuzweifeln."[1]

„Dämonen spielen sehr gerne mit dem Verstand von Menschen", sagte mir ein spiritistischer Priester einmal zu der Zeit, in der ich selbst noch Dämonen anbetete. „Sie schleusen Gedanken und blenden Bilder in die Köpfe der Menschen und zwar mit solch feinem Geschick, dass die Empfänger glauben, das wären alles ihre eigenen Überlegungen." Er prahlte höchst zufrieden, wie die Geister die menschliche Vorstellungskraft beeinflussen könnten, indem sie in ihnen eine gewisse Vorliebe für die einen und Hass auf andere Mitmenschen auslösten. Sie könnten in ihnen höchstes Glück auslösen oder aber das direkte Gegenteil – tiefe Verzweiflung und Hoffnungslosigkeit.

„Und wenn sie dann auf so arme Christen treffen", erklärte er, „die sich der übernatürlichen Aktivitäten und Mächte gar nicht bewusst sind, dann können die Dämonen einen so überwältigenden Druck auf sie ausüben, dass sie nach und nach jeden Glauben zerstören, den sie an den Schöpfer hatten."

In diesem Zusammenhang fällt mir Ellen Whites Beschreibung eines gewissen Paares ein – von ihr als „Bruder und Schwester C." bezeichnet –, das viele Schwierigkeiten hatte. Sie sah in einer Vision, dass ein Großteil von dessen Problemen seinen Ursprung im satanischen Einfluss auf die Gedanken des Menschen hatte.

„Du hast eine kranke Vorstellungskraft und verdienst Mitleid", sagte sie zu Bruder C. „Doch niemand

---

[1] Ellen White, *Vom Schatten zum Licht*, S. 487.

kann dir so gut helfen wie du selbst. Wenn du Glauben willst, glaube und sei hoffnungsvoll […]. Wenn du zulässt, dass Satan deine Gedanken beeinflusst, wie du es bisher getan hast, wirst du zu einem Spielball für ihn werden und deine eigene Seele und das Glück deiner Familie ruinieren."[2]

An dessen Frau gerichtet schrieb Ellen White: „Bruder C. verdient unser Mitleid. Er ist schon so lange unglücklich, dass das Leben für ihn zur Hölle geworden ist. […] Seine Vorstellungskraft ist krank, und er hat das dunkle Bild so lange betrachtet, dass er meint, alles werde nur noch schlimmer, sobald ihm Widerstände und Enttäuschungen begegnen. […] Je mehr er so denkt, desto unglücklicher macht er sein Leben und das Leben derjenigen um ihn herum. Er hat keinen Grund, sich so zu fühlen, wie er es tut; es ist das Wirken des Satans."[3]

Wenn ich sage, dass wir unter den Einfluss satanischer Einflüsterungen geraten können, bedeutet das nicht, dass wir von Dämonen besessen werden, wie es allzu oft von denjenigen behauptet wird, die sich mit Dämonenaustreibung beschäftigen.

In meinen Antwortschreiben an jene, die mit solchen Problemen zu kämpfen haben, lege ich besonderen Wert darauf, sie zu ermutigen. Ich lenke ihre Aufmerksamkeit auf die Tatsache, dass „die Waffen unseres Kampfes […] nicht fleischlich [sind], sondern mächtig für Gott zur Zerstörung von Festungen; so zerstören wir überspitzte Gedankengebäude und jede Höhe, die sich gegen die Erkenntnis Gottes erhebt, und nehmen jeden Gedanken gefangen unter den Gehorsam Christi" (2. Korinther 10,4–5 EB).

---

[2] Ellen White, *Testimonies for the Church*, Mountain View, Kalifornien 1948, S. 699.

[3] Ebd., S. 703.

Zudem betone ich besonders die Notwendigkeit, den Heiligen Geist zu bitten, die geistlichen Kämpfe für sie auszutragen. Viele von denen, die sich mit einem vollständigen Verständnis dessen, womit sie es zu tun hatten, dem Gebet zuwandten, genießen gegenwärtig einen strahlenden Sieg über die einst erdrückenden Probleme.

Im Folgenden ein Brief, den ich an eine Frau schrieb, die in ihrem Leben als Christin mit vielen Schwierigkeiten und Verwirrungen konfrontiert war und glaubte, ihre Probleme seien darauf zurückzuführen, dass einige ihrer Sünden vor ihrer Bekehrung zu groß für Gottes Vergebung seien:

Liebe Schwester Gray,

ich habe deinen Brief vom 21. April mehrmals gelesen und ihn sofort Gott vorgelegt. Ich habe um seine besondere Gnade für dich und deine Familie gebetet und mit Gott sehr detailliert darüber gesprochen, wie dämonische Mächte nur ein Ziel im Sinn haben, nämlich dein Vertrauen in Gott zu zerstören.

Bitte lass nicht zu, dein Vertrauen in Gott zu verlieren! Glaube nie, dass dein geistliches Leben irgendwie unzureichend sei und du deshalb nicht in der Lage seist, Gott näherzukommen. Fasse Mut! „Er handelt nicht mit uns nach unsern Sünden und vergilt uns nicht nach unsrer Missetat. Denn so hoch der Himmel über der Erde ist, lässt er seine Gnade walten über denen, die ihn fürchten. So fern der Morgen ist vom Abend, lässt er unsre Übertretungen von uns sein. Wie sich ein Vater über Kinder erbarmt, so erbarmt sich der HERR über die, die ihn fürchten. Denn er weiß, was für ein Gebilde wir sind; er gedenkt daran, dass wir Staub sind." (Psalm 103,10–14)

Du schreibst in deinem Brief: „Ich sehne mich so sehr nach Gottes Gegenwart, seiner Liebe, dem persönlichen

Kontakt, so, wie ich ihn früher einmal hatte." Meine liebe Schwester, mit Gottes Beistand möchte ich dir helfen, wieder eine wunderbare Beziehung zu Gott aufzubauen. Aber es wird eine sein, die fest auf dem Wort Gottes basiert – und nicht auf Gefühlen oder Emotionen bis zu einem schieren Begeisterungstaumel. Sie wird ihre Kraft allein von Golgatha beziehen. Bitte Jesus jeden Morgen, dir die Verdienste seines Blutes zuzurechnen, das er auf Golgatha zur Vergebung der Sünden vergossen hat, und dass er dich mit seiner Gerechtigkeit bekleidet. Wie Paulus in seinem Brief an die Philipper schreibt: „Auf dass ich Christus gewinne und in ihm gefunden werde, dass ich nicht habe meine Gerechtigkeit, die aus dem Gesetz, sondern die durch den Glauben an Christus kommt, nämlich die Gerechtigkeit, die von Gott kommt durch den Glauben. Ihn möchte ich erkennen und die Kraft seiner Auferstehung." (Philipper 3,8–10)

Wenn du unserem himmlischen Vater gestattest, dich in einen solchen Zustand zu führen, dann wird er dich in einem ganz neuen Licht sehen. In meinem eigenen Glaubensleben habe ich erfahren, worüber Paulus hier schreibt, und das ist die allernächste Nähe zu Gott in dieser feindlichen Welt.

Dein Brief ging mir besonders nah, weil so viele Christen mit der gleichen Not kämpfen. Hat der Herr das Interesse an ihnen verloren, weil sie seine Gegenwart nicht mehr spüren, wie sie sie einst spürten? Sie fühlen, dass es ihnen nicht mehr leichtfällt, mit derselben Freude wie früher in die Kirche zu gehen oder auch nur ihre Andachten zu halten. Und sie fürchten sich vor der Zukunft in der Sorge, ob sie wohl in das Reich Gottes kommen werden. Außerdem fühlen sie, dass ihr Mangel an Tugenden es schwer macht, für Gott zu leben. Indem sie auf ihr sündhaftes Leben und auf ihre Lebensweise vor ihrer Bekehrung zurückschauen, werden sie noch stärker entmutigt und fühlen sich dem Aufgeben nahe.

Ich bezeichne diesen Zustand als geistliche Malaria, die von den Feinden aller Gerechtigkeit hervorgerufen wird. Satan und seine Engel sind entschlossen, „das Erlösungswerk Christi für die Menschen zu vereiteln und sie in seinen Schlingen zu fangen"[4]*. Es ist nicht verwunderlich, dass die Bibel betont: „Der Gerechte wird aus Glauben leben." (Römer 1,17) Oder anders ausgedrückt,* nimm Gott beim Wort und lebe für ihn, unabhängig davon, wie du dich fühlst.

Ich kenne nur einen einzigen Weg, um der tödlichen geistlichen Malaria zu entkommen, die die christliche Erfahrung so vieler Menschen zerstört. Er besteht darin, jene Verse der Schrift auswendig zu lernen, die von Gottes Liebe zu den Sündern erzählen, wie Johannes 3,16: „Denn also hat Gott die Welt geliebt, dass er seinen eingeborenen Sohn gab, auf dass alle, die an ihn glauben, nicht verloren werden, sondern das ewige Leben haben." Oder auch Micha 7,18: „Wo ist solch ein Gott, wie du bist, der die Sünde vergibt und erlässt die Schuld denen, die geblieben sind als Rest seines Erbteils; der an seinem Zorn nicht ewig festhält, denn er hat Gefallen an Gnade!"

Betrachten wir zum Beispiel Davids Leben: Dieser Mann hat das Leben voll ausgeschöpft. Die meiste Zeit lebte er zur Ehre Gottes und zu der seines Volkes – aber nicht immer. Auch wenn er ein Mensch nach dem Herzen Gottes war, beging er dennoch große Ungerechtigkeiten. Er begehrte die Frau von einem seiner Offiziere und wollte sie als seine eigene haben. Dabei schreckte er nicht davor zurück, ihren Ehemann aus dem Weg zu räumen. Als er schließlich die Nachricht von Urias Tod erfuhr, frohlockte er!

Um zu verstehen, wie schwerwiegend sein Vergehen war, müssen wir bedenken, dass das Wort „Missetat"[5] *hier*

---

[4] Ellen White, *Vom Schatten zum Licht*, S. 472.
[5] Vgl. Psalm 51,4. (Anm. d. Red.)

dafür steht, ein großes Übel in dem vollen Bewusstsein getan zu haben, dass Gott Zeuge dessen ist, und dass es dem Betreffenden egal war, dass das Gesetz Gottes eine solche Bosheit verbot. Ich betrachte Davids Tat als offene Rebellion gegen denjenigen, den er vorgab zu lieben und dem er zu dienen behauptete. Seine Sünde war vorsätzlich und geschah mit voller Absicht.

Menschlich gedacht sollte eine solche Person nicht erwarten, dass Gott ihre Sünde vergibt. Aber weil David Buße tat und sein großes Unrecht bekannte, vergab ihm Gott, wie uns die Bibel berichtet. Und ich finde großen Trost in dem Gedanken, dass Gott genauso willens ist, mir zu vergeben, wenn er David nach dem, was er getan hatte, vergeben konnte. Und genau das tat er vor siebenundvierzig Jahren, obgleich ich damals Dämonen verehrte und erklärt hatte, Gott zu hassen! Vor Jahren habe ich große Teile von Davids Bußpsalm (Psalm 51) auswendig gelernt, besonders die Verse 1 bis 3 und 10 bis 12. Diese Texte haben mein Vertrauen in Gottes Vergebungsbereitschaft gestärkt – sie zeugen von seiner Bereitschaft, Sünden zu vergessen. Wenn ich auf mein Leben zurückblickte, kam mir öfters der Gedanke in den Sinn, Gott könne mir nie verzeihen. Aber ich erkannte solche Zweifel dann sofort als einen Versuch des Feindes, der mich entmutigen und mich dazu bringen wollte, Gott aufzugeben. Der einzige Weg, solche Gedanken abzuwehren, ist, Worte der Bibel zu zitieren, die von der Güte und Liebe Gottes sprechen. Besonders wertvoll sind mir diese Worte von Paulus: „Denn ich bin gewiss, dass weder Tod noch Leben, weder Engel noch Mächte noch Gewalten, weder Gegenwärtiges noch Zukünftiges, weder Hohes noch Tiefes noch irgendeine andere Kreatur uns scheiden kann von der Liebe Gottes, die in Christus Jesus ist, unserm Herrn." (Römer 8,38–39)

Eine Tatsache sollten wir nie vergessen: Wir leben im Land des Feindes. Satan und seine Untergebenen unter-

nehmen alles erdenklich Mögliche, damit wir uns schrecklich fühlen. Sie können sogar den Verstand einiger von uns quälen, wie sie es bei Johannes dem Täufer getan haben. Hätte dieser im Gefängnis seinen Gefühlen gehorcht, hätte er sein ewiges Leben aufs Spiel gesetzt. Im Buch Das Leben Jesu *heißt es dazu: „Es gab Stunden, in denen die Einflüsterungen satanischer Engel seinen Geist quälten und ihn der Schatten einer schrecklichen Angst beschlich."*[6] *Machen wir uns bewusst: Johannes der Täufer lebte nur für Gott. Er hatte alles getan, um ihm die Ehre zu geben, aber nun verschmachtete er in einem kalten und stinkenden Verlies. Hätte er nicht allen Grund gehabt, Gott aufzugeben? Aber wie andere große Persönlichkeiten der Bibel (lesen wir nur das elfte Kapitel des Hebräerbriefs!) hatte er seinen Geist durch die Schrift gestärkt, und als er sein Herz im Gebet zu Gott hob, stärkte ihn der Geist Gottes durch die richtigen Gedanken –* und nicht etwa durch ekstatische Gefühle*: „Jetzt verstand er das Wesen der Aufgabe von Christus besser, beugte sich vor Gott und war bereit, zu leben oder zu sterben."*[7] *Obwohl er sein Leben für die Sache Gottes verlor, ehrte Jesus ihn, indem er sagte: „Unter allen, die von einer Frau geboren sind, ist keiner aufgetreten, der größer ist als Johannes der Täufer; der aber der Kleinste ist im Himmelreich, ist größer als er." (Matthäus 11,11)*

Vielleicht wirst du mir nicht zustimmen, aber ich bin geneigt zu glauben, dass der Geist Gottes dich auf ein besonderes Werk vorbereitet; ein Werk, bei dem es nötig sein wird, dass du im Glauben wandelst und nicht im Schauen oder in Hochgefühlen. Bald wird es so weit sein, dass Gottes Volk, das seine Gebote hält, auf Menschen angewiesen ist, die aus dem Glauben allein *leben, komme was wolle.*

---

[6] Ellen White, *Der Sieg der Liebe*, S. 199.
[7] Ebd., S. 201.

Gottes Volk wird in dieser Phase die Ermutigung solcher Menschen brauchen, die der Geist Gottes gestärkt hat und in denen das Wort Gottes lebt. Und ich halte es für sehr wohl möglich, dass Jesus dich zu einer solch gestärkten Person machen möchte. Es ist meine feste Überzeugung, dass du durch die Gnade dessen, der den Weg nach Golgatha auf sich nahm, um deine Erlösung zu bewirken, zu einer großen Überwinderin wirst.

In christlicher Verbundenheit
Roger J. Morneau

Seither habe ich auch mit anderen Menschen geschrieben, die sich mit ähnlichen Zweifeln quälten, wie sie Schwester Gray belasteten. Und der Heilige Geist hat das Leben vieler mit Hoffnung und Glauben erfüllt! Sie haben Frieden im Herrn und eine neue Perspektive auf die Zukunft gefunden. Eine Reihe von ihnen rief mich später an und berichtete mir von den positiven Veränderungen in ihrem Leben.

Von der Wichtigkeit, den Feind zu kennen

Der Kampf zwischen den Mächten des Guten und den Mächten des Bösen um den Geist der Menschen wird immer intensiver und wir können ihm nicht entrinnen. Wir sollten hingegen wissen, was uns bevorsteht. Ellen White schrieb darüber wie folgt:

> Es gibt wenig Feindschaft gegen Satan und seine Taten, weil so große Unwissenheit über seine Macht und Bosheit sowie das riesige Ausmaß seiner Kriegsführung gegen Christus und seine Gemeinde besteht. Unzählige Menschen werden hier betrogen. Sie wissen nicht, dass ihr Feind ein mächtiger Feldherr ist, der seine gefallenen Engel beherrscht und mit gut ausgearbeiteten Plänen und geschickter Taktik gegen Christus Krieg führt, um die Rettung von Menschen zu verhindern. Unter bekennenden Christen und so-

gar unter Predigern des Evangeliums hört man selten etwas über Satan. Ausnahmsweise wird er vielleicht beiläufig auf der Kanzel erwähnt. Diese Menschen übersehen die Beweise seiner ständigen Wirksamkeit und seines Erfolges und missachten die vielen Warnungen vor seinem Scharfsinn. Es scheint als würden sie sein Dasein ignorieren. Während die Menschen über Satans Anschläge nichts wissen, ist ihnen dieser wachsame Feind jederzeit auf den Fersen. Er verschafft sich Zugang zu allen Heimen, zu jeder Straße unserer Städte, zu Kirchen, gesetzgebenden Versammlungen und Gerichten. Er verwirrt, täuscht, verführt, stürzt Männer, Frauen und Kinder ins Verderben, zerstört Familien und sät Hass, Neid, Hader, Streit, Aufstand und Mord. Und die christliche Welt scheint anzunehmen, dass diese Dinge gottgewollt sind und deshalb so sein müssen."[8]

Gottes Botin blieb bei der Beschreibung der unermesslichen Machenschaften Satans gegen die Menschheitsfamilie nicht stehen, sondern ermutigte ihre Leser in deren Kampf gegen ihn:

Wären da nicht der Schutz und die Befreiung durch die überlegene Kraft unseres Erlösers, würden die Macht und Arglist Satans und seiner Heerscharen zu Recht Anlass zur Beunruhigung geben. Wir verschließen und verriegeln unsere Häuser sorgfältig, um unseren Besitz und unser Leben vor bösen Menschen zu schützen, doch wir denken selten an die gefallenen Engel, die ständig versuchen, uns zu beeinflussen, und gegen deren Angriffe wir uns aus eigener Kraft nicht wehren können. Falls es ihnen erlaubt wird, könnten sie unser Denken ablenken, uns quälen und krank machen und unseren Besitz und unser Leben vernichten. Ihre einzige Freude ist das Elend und Verderben der Menschen. Die Lage derer ist furchtbar, die sich den Ansprüchen

---
[8] Ellen White, *Vom Schatten zum Licht*, S. 462–463.

Gottes widersetzen und den Versuchungen Satans nachgeben, bis Gott sie der Herrschaft der bösen Geister überlässt. Doch wer Christus nachfolgt, ist immer sicher unter seinem Schutz. Der Himmel sendet ihm Engel mit überragender Kraft, um ihn zu bewahren. Der Böse kann den Schutzwall nicht durchbrechen, den Gott um sein Volk aufgebaut hat.[9]

Der Herr hat uns einen außergewöhnlichen Verstand gegeben und uns mit der Fähigkeit ausgestattet, uns Dinge vorzustellen, die über unsere Sinneswahrnehmung hinausgehen. Gott hat uns die Fähigkeit gegeben, neue Ideen zu entwickeln und alte Lösungen auf neue Weisen zusammenzuführen. Unsere Vorstellungskraft ist unser höchstes Gut. Daher sollten wir Christen stets darüber wachen und beten, damit Satan sie nicht angreifen oder beschädigen kann. Nur durch göttliche Hilfe können all die unglücklichen Männer und Frauen, die mir schreiben, die tragische Entmutigung und das große Elend überwinden, das ihnen Satan in dieser sündigen Welt zugefügt hat.

---

[9] Ebd., S. 471.

Kapitel 6

Gebetserfahrungen in der Familie

Die Kraft des Geistes Gottes verwandelt Leben und gibt Menschen, die zuvor sinnlos vor sich hin lebten, neue Hoffnung. Vielen, die schon jedes Interesse an geistlichen Dingen verloren hatten, schenkt er die Perspektive einer besseren Zukunft durch ein Leben mit Christus. Zerrüttete Ehen werden durch göttliche Eigenschaften wie Geduld, Freundlichkeit und Güte wiederhergestellt und zusammengehalten. Diese wunderbaren Auswirkungen werden durch die Kraft des Fürbittegebets Wirklichkeit.

Im Folgenden einige Auszüge aus Briefen, die mich erreichten.

„Ich bin erstaunt, dass ich im Alter von vierundachtzig Jahren noch lerne, mein Glaubensleben so zu gestalten, dass das Leben anderer dadurch gesegnet wird. Und ich dachte, ich hätte in meinem Alter bereits alles Nötige gelernt. Doch weit gefehlt!"

„Ich bin so glücklich und begeistert von den Veränderungen, die sich dank Ihrer Art zu beten in meiner Familie ereignet haben. Ich preise Gott von ganzem Herzen. Keine Alkoholexzesse und keine Drogen mehr, und zerbrochene Ehen werden durch Gott wieder heil."

„Was meinen Mann und mich so überrascht, ist, dass wir gar nicht mehr versucht sind, unseren Kindern und Enkeln vorzuschreiben, wie sie ihr Leben zu leben hätten. Wir lassen sie alle Hilfe, die sie brauchen, direkt von Gott bekommen. Der Heilige Geist verändert und segnet ihr Leben, und wir sind so glücklich, dass sie ihre neuen Entscheidungen auf diese Weise aus eigener Überzeugung treffen."

„Mit Dankbarkeit gegenüber Jesus kann ich sagen, dass meine Familienangehörigen durch den Geist Gottes gesegnet und verwandelt werden. Robert, unser Ältester, hatte jahrelang mit einem Alkoholproblem zu kämpfen gehabt, aber plötzlich war das Verlangen nach seinem täglichen Lieblingsbier weg! Die Bierkrüge sind aus seiner Wohnung verschwunden und mit ihnen der Wunsch nach Alkohol. Sein Leben verändert sich gerade grundlegend, und ich kann höchst erfreut sagen, dass es zum Besseren ist. Er denkt wieder an Gott."

„Ich danke Ihnen tausendfach für Ihre Gebete. Allein die Ewigkeit wird die Ergebnisse offenbaren."

Von Drogen befreit

Manchmal erhalte ich Briefe, die von so vielen Schwierigkeiten und Problemen berichten, dass es mir vor lauter Mitgefühl für die Schreibenden ganz weh ums Herz wird. Die nächste Erfahrung berichte ich hier, um Eltern, die durch ähnliche nahezu unerträgliche Situationen gehen, Hoffnung zu machen. Mögen sie weiterhin geduldig auf Gottes Hilfe harren. Die Verfasserin des folgenden Briefes ist wahrlich eine Gottesfrau.

Lieber Herr Morneau,
ich hatte Ihnen im Juli 1993 geschrieben und darum gebeten, dass Sie mit uns gemeinsam für unseren Sohn Mark beten, der ein schreckliches Drogenproblem hatte. Ich berichtete damals von seinem Rückfall, seinen beiden unehelichen Kindern, einem dritten Kind (nicht sein eigenes), das er widerwillig bei sich aufnahm, von seinem Jähzorn und davon, dass er buchstäblich seine Seele an den Teufel

verkaufte, um ein Rockstar zu werden. Er zog damals mit seiner Familie wieder bei uns ein, um Miete zu sparen und zahlungsfähiger zu werden, nur um dann mit einer anderen Frau abzuhauen, die auch Drogen nahm.

Seitdem tobte ein wahrhafter Krieg um uns. Wir mussten die wüstesten Beschimpfungen über uns ergehen lassen, massivste Beleidigungen sowohl durch unseren Sohn als auch seine Freundin. Es trieb uns fast in den Wahnsinn und wir hatten viele schlaflose Nächte. Beide waren zeitweise immer wieder im Gefängnis. Mark war zwischen Dezember und April ganze fünf Mal dort! Seine Freundin versuchte dreimal, ihn zu erstechen. Er wiederum versuchte, sie zu erdrosseln, bis sie über sich urinierte. Es folgten zahllose Anrufe, Tag und Nacht, er flehte uns an, ihn aus der Situation zu befreien, woraufhin er nicht einmal vierundzwanzig Stunden später wieder bei ihr landete.

Mein Mann und ich berichteten unserer Kirchengemeinde einen Teil unserer Geschichte und baten sie um ihre Gebete. Die Menschen reagierten wunderbar, und ich möchte Sie wissen lassen, dass wir die himmlischen Heerscharen stets gegenwärtig spürten, wie schlimm die Auseinandersetzungen auch waren. Wir können erkennen, wie sie den bösen Mächten die Grenzen aufzeigten und wie sie eingriffen, um das Leben von Mark und auch das seiner Freundin zu retten. Gott sei für immer und ewiglich gepriesen!

Mark ist jetzt clean und bereits seit fünfundsechzig Tagen vollkommen nüchtern. Er hat eine Arbeitsstelle und beginnt am kommenden Montag sein Studium. Er will hart arbeiten und promovierter Ingenieur werden. Ich bin so glücklich, Ihnen das schreiben zu können und Ihnen von seinem aktuellen Zustand zu berichten. Bitte beten Sie weiter für ihn, dass er drogenfrei bleibt. (…) Er hat Gott so viel zurückzugeben.

Wir beten nun, dass der Heilige Geist seine Liebe zu seiner Frau und Familie erneuert, aber vielmehr die zu seinem himmlischen Vater. Möge er sein Leben Christus anvertrauen. Dann wird auch der Rest in Ordnung kommen.

Ich danke Ihnen noch einmal für Ihre Gebete und ich würde mich freuen, von Ihnen zu lesen, sollten Sie Zeit zum Antworten finden. Andernfalls werden wir im Himmel miteinander reden.
Herzlich
Rosalie B.

Wenn ich solche Briefe lesen, muss ich unweigerlich an den folgenden Bibeltext denken: „Die Gnade des Herrn nimmt kein Ende! Sein Erbarmen hört nie auf, jeden Morgen ist es neu. Groß ist seine Treue. Meine Seele spricht: ‚Der Herr ist mein Anteil, auf ihn will ich hoffen.' Der Herr ist gut zu denen, die auf ihn warten und ihn suchen. Deshalb ist es gut, still zu werden und auf die Befreiung durch den Herrn zu warten." (Klagelieder 3,22–26 NLB)

Veränderte Herzen

Hier noch ein weiterer Brief, der mich erreichte:

Lieber Herr Morneau,
ich wollte Ihnen schon lange schreiben und Sie wissen lassen, wie der Heilige Geist das Leben meiner Familie verändert. (…) Der Herr hat mich und meine Familie durch Sie gesegnet! Und nun darf ich durch seine Hilfe das Leben anderer segnen – ich habe mehr als hundert Menschen auf meiner Gebetsliste.

Meine Eltern haben mich und meine sieben Geschwister als gläubige Adventisten erzogen. Uns wurde beigebracht, einander zu lieben und zu respektieren, fleißig und gute Menschen zu sein. Leider sind bis ins Erwachsenenalter nur sehr wenige dieser Prinzipien haften geblieben.

In der Tat schien das genaue Gegenteil unsere Leben zu beherrschen.

Drei von uns Geschwistern haben während der vergangenen fünf Jahre den Weg zurück in die Adventgemeinde gefunden. Jetzt, wo wir Ihre Bücher gelesen haben und auf die von Ihnen empfohlene Weise beten, dürfen wir sehen, wie sich Wunder der Gnade Gottes im Leben unserer Brüder und Schwestern ereignen. Menschen, die früher nur Hass und Streit kannten, zeigen auf einmal ihre liebevolle Seite. Ich darf erleben, wie sich Herzen verändern, von denen ich nie geglaubt hätte, dass sie sich jemals zu Gott bekennen würden.

Mit diesem Brief will ich Sie an einigen dieser Wunder teilhaben lassen. (...) Der Herr ist so gütig. Er hört und erhört unsere Gebete. (...)

In christlicher Verbundenheit
Sandra M.

Ehen vor dem Zerbrechen

Viele Briefe, die mich erreichen, handeln von Ehen in großer Not. Tatsächlich betrachten mich manche als ihre letzte Hoffnung. Ich werde gewöhnlich gebeten, die Betreffenden auf meine Fürbitteliste zu nehmen und bei Gott für sie einzutreten, damit er ihre Ehe rette. Nachfolgend meine Antwort auf eine solche Anfrage.

Liebe Frau Smith,

ich möchte mit Ihnen gemeinsam über die schwierige Ehesituation nachdenken, in der Sie und Ihr Mann sich befinden. Ich habe soeben mit Gott über Ihre Situation im Gebet gesprochen, mit der Bitte um Einsicht, wie Ihnen zu helfen wäre. Es bleibt nur noch wenig Zeit, bevor Ihre Ehe in den Eisberg steuert und Ihrer beider Leben in die Katastrophe führt. Ich möchte Ihnen einen Ausweg aus Ihrer Not aufzeigen, den ich für möglich halte. Ich möchte Sie und Ihren

Mann ermutigen, Gottes besondere Hilfe für Ihre Ehe zu erbitten. Er kann sie wieder zu einer überaus gesegneten Erfahrung werden lassen, wie Sie es sich jetzt nicht ausmalen können.

Wenn Sie beide das wirklich wollen, können Sie wieder eine erfüllte Ehe führen – sowohl jetzt als auch in der Ewigkeit. Und ich darf Ihnen versichern, dass dies nur der Anfang Ihres neuen Lebens sein wird! Ihre Ehe benötigt dazu täglich die Verdienste von Christi Tod in Ihrer beider Leben. Bitten Sie Jesus darum, und dass der Heilige Geist Ihnen die Gnade der Erlösung schenke. Wenn Sie es dem Geist Gottes erlauben, dann wird er Ihren Charakter verändern, er wird dem von Jesus ähnlicher werden. Seinetwillen müssen Sie Ihre Einstellungen zum Leben ändern. Bitten Sie ihn, dass er Ihnen beiden helfe, Ihrem Ehepartner und seinen Fehlern gegenüber mitfühlender, nachgiebiger und geduldiger zu werden.

Als ehemaliger Spiritist, der durch die Gnade Christi bekehrt wurde, neige ich dazu zu glauben, dass Ihrer beider Gedanken von dämonischen Mächten beeinflusst sein könnten, die Ihre gegenseitige Liebe füreinander nach und nach untergraben haben. Jene Liebe, die Gott ursprünglich in Ihre Herzen eingepflanzt hat, an jenem freudigen Tag, an dem Sie einander versprachen, den anderen stets an die erste Stelle zu setzen. Nichts sollte jemals einen Schatten des Unglücks auf den anderen werfen.

Gott kann auch heute große Wunder vollbringen und mögliche Umstände ändern, doch bedarf es Ihres Bekenntnisses, dass Sie die Liebe, die Gott Ihnen beiden füreinander gab, vergeudet haben. Bekennen Sie, dass Sie die Unzufriedenheit gegenüber Ihrem Partner in sich genährt haben, was dazu führen musste, dass Sie das boykottierten, was Ihre Ehe hätte sein können.

Ich möchte Ihnen eine Übung vorschlagen, die täglich angewandt sehr hilfreich sein kann. Üben Sie sich in

Dankbarkeit, indem Sie all das Positive aufschreiben, das Sie an Ihrem Partner entdecken können, auch die Kleinigkeiten, an die man gewöhnlich nicht denkt. Und während Ihre Liste immer länger wird, werden Sie feststellen, dass der Geist Gottes Sie mit Harmonie, Zufriedenheit und Weisheit erfüllt. Er wird Ihnen ein reiches und erfüllendes Eheleben schenken. Ich versichere Ihnen, werte Freunde in Christus, dass meine Gebete Sie von nun an begleiten werden. Wenn Sie später einmal Zeit finden, lassen Sie mich gerne wissen, wie der Herr Sie gesegnet hat.

Danke, dass Sie mich an Ihrem Leben teilhaben lassen!
Roger J. Morneau

Gott hat diesen Brief und meine Gebete in wundervoller Weise zum Segen werden lassen.

Wir wurden beraubt

Ein Mann Ende sechzig schrieb mir, dass die Ehen von dreien seiner fünf Kinder in einer Scheidung geendet waren. Zwei der Scheidungen erfolgten, nachdem die Kinder der Paare erwachsen geworden waren und ihr Zuhause verlassen hatten. Die Ereignisse hätten ihn und seine Frau so schockiert, dass sie keinen klaren Gedanken mehr fassen konnten.

Natürlich bat er mich, sie alle auf meine Gebetsliste zu setzen, damit seine anderen Kinder durch Gottes Gnade einer solchen Katastrophe entgingen. Darüber hinaus fragte er: „Wissen Sie, ob die Mächte des Bösen in der Lage sind, den Geist kluger Menschen zu verwirren und ihnen sogar die Geborgenheit eines friedlichen, glücklichen Zuhauses zu rauben?"

Ich antwortete, eine Reihe von Faktoren zu sehen, die zum Zusammenbruch christlicher Familien in diesen letzten Tagen der Erdgeschichte führten. Wir leben in einer schnelllebigen Zeit. Viele Dinge erfordern unsere Aufmerksamkeit. Dadurch haben wir weniger Zeit für persönliche Andacht und Bibelstudium.

Das Fernsehen verschlingt viel von der kostbaren Zeit der Menschen. Man geht zu spät ins Bett und ist dann zu müde, um noch in der Bibel zu lesen. Dazu kommt, dass viele Christen heute eine große innere Leere empfinden, weil sie den Heiligen Geist nie gebeten haben, ihren Charakter zu verändern und sie dem Bild Jesu ähnlicher zu machen.

Ich appelliere an dieser Stelle auch an all die anderen Eltern, die unter dem Zusammenbruch der Familien ihrer Kinder litten, intensiv zu beten. Es ist meine feste Überzeugung, dass alle aus Gottes Volk, die einmal auf der Neuen Erde leben werden, bereits hier im gegenwärtigen Leben die gleichen himmlischen Eigenschaften geschenkt bekommen, die auch Jesu Leben während seines Dienstes auf unserer Erde kennzeichneten. Der Apostel Paulus hat sie in Galater 5,22–23 aufgezählt. Sie sind die Frucht des Heiligen Geistes.[1]

Es ist daher mein Aufruf an uns alle, unseren himmlischen Vater täglich zu bitten, dass unseren Kindern nicht nur die Verdienste von Golgatha zugerechnet werden, sondern dass der Heilige Geist ihnen auch *himmlische Liebe, himmlische Freude* und *himmlischen Frieden* schenken möge. Darüber hinaus sollten wir ihn bitten, sie mit den göttlichen Eigenschaften *Geduld, Sanftmut* und *Güte* auszurüsten.

Wenn diese Eigenschaften Teil ihres moralischen Kompasses geworden sind, werden sie nicht mehr bei Gedanken der Unzufriedenheit und der Trennung verweilen. Dies wird die Mächte des Bösen daran hindern,

---

[1] Nach der Elberfelder Bibel sind das: Liebe, Freude, Friede, Langmut, Freundlichkeit, Güte, Treue, Sanftmut und Enthaltsamkeit. (Anm. d. Red.)

Menschen auseinanderzubringen und Beziehungen zu zerstören. Ich freue mich sehr, dass viele der Großeltern, die meinem Ruf zum Gebet folgten, jetzt von wunderbaren Erfahrungen berichten.

Eine verpasste Gelegenheit

Ich kann kaum glauben, dass ein dreiundsiebzigjähriger Mann sich von seiner vierundsechzigjährigen Frau scheiden ließ. Zuerst erreichte mich ein Brief von ihrer Schwester; sie bat mich um meine Nummer, um mir den Fall am Telefon schildern zu können. Bald darauf erhielt ich einen Anruf von ihr.

Sie erzählte mir eine lange Geschichte, die ich hier nicht wiedergeben kann. Kurz zusammengefasst: Der Mann war sehr wohlhabend und hatte immer seinen Willen durchgesetzt. Als sie mich über die Probleme ihrer Schwester informierte, hatte das Gericht den Scheidungsantrag bereits bearbeitet, sodass sie in Kürze rechtskräftig wurde. So war leider die Gelegenheit für mich, für diesen Fall zu beten, bereits vorbei.

Ein betrübter Pastor

Ich habe großen Respekt und große Achtung vor Pastoren, die sich für Gott engagieren, während sie sich gleichzeitig mit einem rebellischen Sohn oder einer aufsässigen Tochter auseinandersetzen müssen. Die Belastung wird noch größer, wenn der oder die junge Erwachsene von zu Hause auszieht und Drogen nimmt.

Jedes Mal, wenn ich einen Brief oder einen Anruf von einem Pastor mit diesem oder einem ähnlichen Problem erhalte, betrachte ich es als eine besondere Anweisung des Herrn, mich intensiv für die Befreiung des Sohnes oder der Tochter aus der Umklammerung der feindlichen Mächte einzusetzen.

Die Einstellung einiger Gemeindeglieder verwundert mich. Sie haben das Gefühl, man könne nichts tun, außer Gott zu bitten, über den jungen Menschen zu wachen. Ich weigere mich, das zu akzeptieren. Uns steht eine unbeschränkte Macht zur Verfügung. Der ganze Himmel hofft, dass sich alle, die den vollkommenen Erlösungsplan unseres himmlischen Vaters verstehen, auf ihn berufen und ihn bitten, er möge die auf Golgatha erwirkte Erlösung auch anderen zurechnen. Wir sollten unseren himmlischen Vater bitten, den Heiligen Geist zu beauftragen, im Leben der betreffenden Person die Erlösung zu erwirken.

An dieser Stelle möchte ich auf etwas aufmerksam machen, das sich in der übernatürlichen Welt der Geister abspielt, etwas, das für unsere jungen Leute zu einer schrecklichen Falle geworden ist. Dämonische Geister bedienen sich der Rockmusik, um die heutige Jugend geistlich zu lähmen.

Als ich besagter Geheimgesellschaft von Dämonenanbetern angehörte, berichtete ein satanischer Priester stolz von der Geschicklichkeit des Teufels, Menschen unter seine Macht und Kontrolle zu bringen. Er erklärte, dass sehr viele Menschen unwissentlich unter den Einfluss von bösen Geistern gerieten, aus dem sie sich zuweilen nicht mehr befreien könnten. „Die Engel des Meisters", sagte er, „tun nichts lieber, als den Menschen mit dem Makel des Bösen zu verunreinigen – insbesondere die Christen. Ihre menschlichen Stellvertreter können das ganz einfach tun: Wahrsager, Astrologen und Hypnotiseure weihen Satan das Gebiet, auf dem sie ihre okkulten Künste ausüben."

Er erzählte, wie ein berühmter Magier in den 1940er-Jahren stets den Schauplatz, an dem er ein paar Tage später auftrat, im Voraus zu weihen pflegte. Das Ritual sah vor, dass der Okkultist das Gebäude bzw.

die betreffende Lokalität umkreiste und dabei ein Mantra sang, ein Gebet, damit die Geister vom Publikum Besitz ergriffen.

Ich möchte noch ein jüngeres Beispiel nennen. 1962 waren die Beatles eine unbekannte Rockband, die in heruntergekommenen Nachtclubs in Liverpool auftrat. Sie waren fasziniert von der Idee, dass es, genauso wie es wissenschaftliche Techniken zur Freisetzung physikalischer Energie gebe, auch Verfahren zur Freisetzung spiritueller Energie geben müsse. Würden sie diese entdecken, könnten sie ihren Bekanntheitsgrad erhöhen.

George Harrison (1943–2001), einer der Beatles, schlug vor, in Indien von Maharishi Mahesh Yogi (1918–2008) zu lernen. Der indische Guru lehrte sie aus den vier Veden, einer Sammlung religiöser Texte, die vermutlich 1500 v. Chr. entstanden, also zu der Zeit, als Mose am ägyptischen Hof war. Maharishi Mahesh Yogi unterwies sie im Gebrauch von musikalischen Klängen und Mantras. In besonderen Arrangements würden solche Mantras eine Schallenergie, eine Form der Shakti-Kraft, erzeugen, die oft auch als kosmische oder dynamische Energie bezeichnet wird. Man sieht in ihr eine Möglichkeit, den menschlichen Geist zu fesseln und ihn in einem Zustand des Gehorsams zu halten.

So wurden die Beatles unwissentlich zu Werkzeugen, durch die dämonische Geister die Jugend der westlichen Welt fesseln konnten; sie schlugen sie mit geistlicher Blindheit und entstellten für sie das Bild Gottes. Die Rockband hielt privat Gottesdienste für hinduistische Götter ab und weihte ihnen die Orte, an denen ihre Konzerte stattfanden. Ich will keine Namen nennen, aber noch heute treten viele Musiker nicht eher auf, bis sie den Ort ihres Konzerts den Göttern geweiht haben.

Der satanische Priester, unter dem ich lernte, sagte noch etwas anderes, das mich sehr überraschte. Er meinte: „Wenn Christen sich auf solcherart geweihten Boden wagen, können die Engel des Schöpfergottes sie nicht begleiten."

In den vergangenen vier Jahren erhielt ich etliche Zuschriften von Pastoren, die sich mit ihren rebellischen jungen erwachsenen Kindern abmühten. Die meisten dieser Söhne und Töchter hatten ihr Zuhause verlassen und waren in Drogen und andere gefährliche Dinge verwickelt. Als ich fragte, ob die Jugendlichen jemals Interesse an Rockmusik gehabt hätten, bejahten dies fast alle Eltern und berichteten, der Sohn oder die Tochter hätte fast immer ein tragbares Radio bei sich und liebte Rockmusik.

Erfreulich ist, dass etliche dieser jungen Menschen heute ein normales Leben führen und eine enge Beziehung zu Jesus haben. In meinen täglichen Gebeten für sie bitte ich Gott immer wieder, er möge ihnen das am Kreuz errungene Geschenk der Erlösung zukommen lassen und der Heilige Geist möge die jungen Menschen mit himmlischem Frieden umgeben, egal wo sie sich befinden.

Der Geist Gottes hat keine Grenzen und kennt keine Begrenzungen. Er beherrscht die Atome unseres Planeten und alles, was auf ihm ist. Er kann auch von Egoismus, der Macht der Sünde und von den Verlockungen dieser Welt befreien und, wenn nötig, die geistlichen Feinde in einem Augenblick zu Fall bringen.

Ein Pastor und seine Frau quälten sich mit ihren Problemen so lange herum, dass sie es schon fast verlernt hatten, zu lächeln. Vor etwa zwei Jahren erhielt ich einen Brief von ihnen, in dem sie mir mitteilten, wie ihr Teenagersohn sie vor ihrer Kirche stark in Verlegenheit gebracht hatte. Obwohl sie alles Mögliche taten, um die Situation zu verbessern, schien nichts zu helfen. Dann kam der Tag, an dem ihr Sohn James beschloss, von zu Hause auszuziehen. Aber bevor er es tat, gestand er seinen Eltern, was er wirklich von ihnen hielt. Es waren bittere Worte der Anklage.

Es brach seiner Mutter das Herz und ließ seinen Vater so traumatisiert zurück, dass er fortan jene Mitglieder seiner Gemeinde mied, die auch Schwierigkeiten mit ihren eigenen Teenagern hatten. Fast ein Jahr lang wusste das Paar nicht, wo sich ihr Sohn aufhielt. Eines Tages erzählte die Frau ihrem Mann, dass sie meine Bücher über das Gebet gelesen habe. Sie beschrieb ihm, wie der Heilige Geist andere Menschen aus schwierigen Situationen herausgeführt hatte, und sagte, dass sie sich entschieden habe, mich zu bitten, auch für ihren Sohn zu beten.

Zunächst lehnte der Pastor die Idee ab, da er fürchtete, dass dies erneut seinem Ruf schaden könne. Seine Frau betrachtete die Angelegenheit anders und meinte, dass es letztlich Jesus zur Ehre und zum Lobpreis diente, wenn der Heilige Geist durch ein Wunder das Leben ihres Sohnes veränderte.

In meinem Antwortbrief schickte ich ihr meine Telefonnummer. Es dauerte nicht lange, bis ich einen Anruf erhielt. Nachdem wir etwa zehn Minuten lang miteinander gesprochen hatten, kehrte Hoffnung in ihr Herz zurück und sie bat begeistert darum, auch ihren Mann ans Telefon holen zu können. Wir sprachen vermutlich fast eine Stunde miteinander. Bevor ich das Telefonat beendete, schlug ich einen Plan vor, dem wir folgen sollten, während wir Gott unsere Fürbitte präsentierten.

Dann bat ich sie, mir zu versprechen, nicht selbst zu versuchen, das Werk des Heiligen Geistes zu tun, wenn ihr Sohn mit ihnen in Kontakt trete. „Was soll das heißen?", fragte der Pastor. Ich betonte, dass ein Brief oder ein Anruf von ihrem Sohn James ein klares Zeichen dafür sei, dass der Geist Gottes begonnen habe, sein Leben zu verändern. Ich fügte hinzu, dass sie nicht mit ihm über Religion oder etwas Ähnliches sprechen sollten. Stattdessen sollten sie ihn so liebenswürdig wie nur möglich behandeln und ihm in keiner Weise Ratschläge geben, wie er sein Leben zu leben habe. „Seid ihm ein Freund", forderte ich sie auf, „und interessiert euch für die Dinge, mit denen er sich beschäftigt." Sollte er zu Besuch kommen, sollten sie ihn so freundlich und liebenswürdig wie möglich behandeln. Wenn er von sich aus geistliche Dinge anschnitt, könnten sie darüber sprechen, sollten es aber kurz halten. Aber wenn er das Thema nicht ansprechen würde, sollten sie es auch nicht tun. „Wenn ihr so handelt", sagte ich, „werdet ihr euren Sohn überraschen. Er wird sich wahrscheinlich denken: ‚Wie sehr haben sich meine Eltern doch zum Positiven verändert! Es ist wirklich schön, mit ihnen zusammen zu sein.'"

Sechs Monate vergingen, dann erhielten sie einen Brief von ihrem Sohn ohne Absenderadresse. Er war an die Mutter gerichtet. James' kurze Nachricht lautete, dass er nicht wollte, dass sie sich um ihn Sorgen mache, es gehe ihm gut und er habe eine sichere Arbeitsstelle. Er versprach, in Kürze wieder zu schreiben. Ein paar Monate später erhielt sie eine Muttertagskarte mit einem herzlichen handschriftlichen Gruß.

Zur Weihnachtszeit richtete James seine Karte an beide Elternteile und bat sie, ihm zu vergeben, dass er ein so schrecklicher Mensch gewesen sei. Zum Geburtstag seines Vaters überraschte er ihn mit einem

Anruf. Dann schrieb er zu ihrem Erstaunen, dass er mit einem adventistischen Pastor die Bibel studiere und sich entschlossen habe, sich noch einmal taufen zu lassen.

Beide Eltern flogen zu diesem großen Ereignis in die Großstadt, in der James lebte, und verbrachten das Wochenende mit ihm. Während sie auf ihren Rückflug am Flughafen warteten, machte James einen Abschiedskommentar, der beide Eltern sehr berührte: „Mom und Dad", meinte er, „ich muss euch einfach sagen, wie wunderbar ich es finde, euch als Eltern zu haben. Ihr beide freut euch über die Veränderung, die in meinem Leben stattgefunden hat, aber lasst mich euch sagen, dass ihr euch auch sehr verändert habt. Als ich heute Morgen aufwachte, dachte ich: ‚Wie sehr haben sich meine Eltern doch zum Positiven verändert! Es ist wirklich schön, mit ihnen zusammen zu sein.'"

Auf dem Rückflug sagte der Pastor zu seiner Frau: „Ich bin so glücklich über die vielen Veränderungen in James' Leben. Und das Beste daran ist, dass wir uns dafür keinen Applaus geben können. Es ist ausschließlich der Heilige Geist, der all die Veränderungen bewirkte."

Und ich stimmte dem Pastor voll und ganz zu, als er mir am Telefon davon erzählte.

Kapitel 7

Erlösung durch eigene Werke

Ich bin gegen alles, was den Tod Christi auf Golgatha schmälert oder herunterspielt. Er hat dort sein Blut für unsere Erlösung vergossen, und es gibt nichts auf der Welt, was dieser Erlösung hinzuzufügen wäre. Erlösung durch eigene Werke erreichen zu wollen, versucht genau das. Es spielt die Heiligkeit des versöhnenden Blutes Christi herunter.

Dieses Kapitel zu schreiben, gehörte für mich zu den schwersten Aufgaben meines Lebens. Ich möchte niemanden verärgern. Es ist mir äußerst unangenehm, negativ über Dinge zu sprechen, die für manche Menschen wichtiger sind als Christus. Dinge, mit denen sie sich wohlfühlen. Dinge, in die sie so viel Zeit und Energie investiert und für die sie einen Großteil ihres Lebens aufgewendet haben. Im Folgenden will ich das veranschaulichen.

Einige Monate bevor Hilda und ich 1992 nach Kalifornien zogen, hielt ein Gastprediger in der Vestel-Hills-Adventgemeinde in Binghamton, New York, eine Predigt. Der Mann sprach über das Thema Selbstheiligung und legte den Hörern etwa fünfundvierzig Minuten detailliert und feierlich nahe, dass sie Vollkommenheit anstreben sollten, damit Jesus bei seiner Wiederkunft nur noch sehr wenig zu tun habe, um uns so vollkommen zu machen wie er.

Um seinen Standpunkt zu unterstreichen, sagte er: „Ich werde euch etwas mitteilen und ich hoffe, dass ihr mich nicht falsch versteht. Ich hoffe, dass niemand denkt, ich brüste mich hier. Meine Frau und ich arbeiten seit vielen Jahren intensiv an unserer Heiligung und wir sind zu dem Schluss gekommen, dass wir die Vollkommenheit zu fünfundneunzig Prozent erreicht haben. Wenn Jesus morgen wiederkäme, müsste er nur noch die restlichen fünf Prozent zu unserer Vervollkommnung beisteuern."

Ein Neubekehrter unter den Zuhörern sagte mir später, die Aussage des Predigers habe viele Menschen schockiert und entmutigt. Der junge Mann und seine Frau hatten das Gefühl, sie könnten niemals gerettet werden, wenn sie all die Dinge tun müssten, über die der Prediger gesprochen hatte.

Mit diesem Kapitel möchte ich – als Normalsterblicher – meinen Mitmenschen helfen, eine Beziehung zu Christus aufzubauen, wie sie die ersten Christen pflegten. Solch eine Beziehung ist es, die Gott sich zu uns wünscht, und sie führt dazu, dass unsere Gebete auf wundersame Weise erhört werden. Doch gleichzeitig weiß ich, dass meine Worte viele verärgern werden und ich eine Flut von Briefen erhalten werde, die mich zutiefst treffen. Sie bringen mich vielleicht sogar zum Weinen, jetzt, da ich alt und etwas sentimental geworden bin.

Als ich die ersten beiden Bände von *Nicht zu fassen* schrieb, rang ich innerlich stark mit der Frage, ob ich ein Kapitel über meine eigene Erfahrung mit der Erlösung durch Werke einbeziehen sollte, ließ die Idee aber letztlich fallen. Ich war davon überzeugt, dass Gott, wenn er wollte, die Menschen auf vielerlei Weisen diese Praxis aufgeben lassen könne. Aber seit ich Clifford Goldsteins Buch *The Remnant* gelesen habe, glaube ich, dass ich meinem Retter gegenüber die Verpflichtung habe, jetzt darüber zu schreiben.

Im Herbst 1946 fing ich an, in Montreal mit Cyril und Cynthia Grossé die Bibel zu studieren, und brach meinen Kontakt zu den Dämonenanbetern ab.[1] Im April 1947 wurde ich getauft und Mitglied der Kirche der Siebenten-Tags-Adventisten. Im September desselben Jahres heirateten Hilda und ich, und kurz darauf wechselten wir in die französischsprachige kanadische Vereinigung der Adventisten.

Zwei Monate später kündigte ich meine Arbeitsstelle in der Stickerei und wurde Buchevangelist. Ich verkaufte über sechs Jahre lang adventistische Literatur an die französischsprachige Bevölkerung von Quebec. In den ersten sechs Monaten segnete mich Gott; der Geist Gottes bewog die Menschen dazu, Bücher zu kaufen, und der Verkauf florierte.

Dann schlug der leitende Älteste der Gemeinde, Bruder Gaulin, ein väterlicher Typ Mitte fünfzig, mir vor, mir Gottes anhaltende Gunst zu sichern, indem ich mehr Aufmerksamkeit auf unsere Ernährung legte. Er sprach immer wieder von einer reinen Ernährungsweise und davon, wie wir uns vorbereiten müssten, um zu den 144.000[2] zu gehören.

Bruder Gaulins Ziel war es, aus uns ein Vorbild für die anderen Adventisten zu machen, die nicht nach seinen Prinzipien der Gesundheitsreform lebten. Jedes Wochenende besuchte er uns und erzählte uns mehr über die Dinge, die wir nicht essen sollten. Alles musste naturbelassen sein, und er war höchst zufrieden, als

---

[1] Vgl. Roger Morneau, *Im Bann des Bösen – Durch Christus befreit*, Zürich 2017.

[2] Die Zahl 144.000 steht im Buch der Offenbarung für das treue Volk Gottes. Die symbolische Zahl ergibt sich aus 12 × 12 × 1000. Die Zahl 12 steht sowohl im Alten Testament (12 Stämme Israels) wie auch im Neuen Testament (12 Apostel) für Gottes Volk. Die Zahl 1000 steht für „eine große Volksmenge" (vgl. Offenbarung 7,9 EB). (Anm. d. Red.)

er uns davon überzeugen konnte, noch gute Lebensmittel wegzuwerfen, nur weil er sie für einen Verstoß gegen seine Gesundheitsgrundsätze hielt. Und diese Lebensmittel waren nicht einmal Fleisch oder irgendetwas nach biblischen Grundsätzen Unreines, denn Hilda und ich waren damals bereits Vegetarier.

Bis zum August 1948 hatte er uns dazu gebracht, nur noch zwei Mahlzeiten am Tag zu essen, und uns davon überzeugt, dass dies die Lebensweise sei, die Gott sich für alle, die seine Gebote halten, wünschte. Um diese Zeit bekam ich eine sehr schlimme Erkältung, die nicht verschwinden wollte. In der Ambulanz einer Klinik wurde ich gründlich untersucht, einschließlich Röntgenaufnahmen des Torsos und anderer Tests. Eine Woche später sollte ich zur Kontrolle wiederkommen. Ich erhielt noch ein Formular, das ich zu Hause ausfüllen und wieder mitbringen sollte. Darauf sollte meine Frau eine Woche lang notieren, was ich täglich aß.

Bei der Kontrolle sagte der Arzt als Erstes: „Herr Morneau, es ist erstaunlich, dass Sie noch am Leben sind, so wie Sie sich ernähren! Ihre körperliche Verfassung hat sich derart verschlechtert, dass Sie wahrscheinlich einer der Ersten wären, die sterben, wenn irgendeine Epidemie durch die Region fegte. Ihr Körper ist völlig ausgezehrt – Sie haben gar keine Reserven mehr." Dann fragte er mich, ob ich in einem Konzentrations- oder Internierungslager gewesen sei. Ich verneinte und fragte, wie er darauf käme. Er antwortete: „Ich war geneigt zu glauben, dass Sie in einem inhaftiert waren und sich Ihre Gesundheit davon nie wieder erholt hat."

Als ich nach dem Zweiten Weltkrieg die Armee verlassen hatte, wog ich 82,5 Kilo. Auf der Krankenhauswaage waren nun 62,5 Kilo zu lesen. Ich war so dünn, dass ich Kragenweite sechsunddreißig trug und bei zugeknöpftem Hemd immer noch drei Finger zwischen Hals und Kragen passten.

Leider beeindruckte mich das, was der Arzt zu mir gesagt hatte, überhaupt nicht. Ich war ein Fanatiker, ein Extremist geworden, so wie Bruder Gaulin auch. Ich wollte um jeden Preis die Gesundheitsreform praktizieren, selbst wenn mich das umbringen sollte. Es ist klinisch erwiesen, dass Extremismus und Fanatismus das klare Denken beeinträchtigen. Aber das war mir damals nicht bewusst.

Weitere drei Jahre war ich fest davon überzeugt, den richtigen Weg eingeschlagen zu haben, und Bruder Gaulin betonte immer wieder, wir müssten daran festhalten, um Gottes Gunst zu erlangen. Er sagte auch, dass die Ernährungsweise uns mit klarerem Verstand segne, was uns wiederum in die Lage versetzen würde, geistliche Dinge besser zu verstehen als all jene Adventisten, die mit ihren Freunden Kuchen und Eis aßen. Und außerdem würden wir Gott beweisen, dass wir willens seien, uns der für andere Menschen üblichen Zwischenmahlzeiten zu enthalten. Mit Sicherheit sei Gott mit unseren Bemühungen sehr zufrieden.

Manchmal fragte ich mich, ob wir die Dinge zu weit trieben, aber Bruder Gaulin beschwichtigte uns immer wieder: „Nein, das tun wir nicht. Wir folgen nur den Schriften von Ellen White und die sind so gut wie die Bibel." Leider liefen indessen meine Geschäfte als Buchevangelist gar nicht gut. Mein Umsatzziel erreichte ich schon seit Langem nicht mehr. Ich glaubte, ich müsse eine höhere Stufe der Geistlichkeit erlangen, eine solche, die dem Herrn besser gefiel, damit er meine Anstrengungen belohnen könne. Bruder Gaulin war immer zur Stelle und erinnerte uns daran, der einzig sichere Weg, dem Herrn zu gefallen, sei die Gesundheitsreform.

Dann kam mein fanatischer Mentor eines Tages auf eine neue Idee. Sie würde Gott sicherlich davon überzeugen, dass ich ihn mehr liebte als alles andere auf diesem Planeten. Bestimmt würde er dann meine Buchverkäufe weit mehr segnen, als er es in meinen ersten sechs Monaten als Buchevangelist getan hatte.

Zweieinhalb Jahre voller Enttäuschung und Frustration waren vergangen, und ich war bereit, alles anzunehmen und umzusetzen, was mir helfen würde, endlich Gottes Wohlgefallen zu gewinnen. Meine Gebete schienen nirgendwo hinzuführen, und ich fragte mich immer wieder: „Was kann ich tun, um Gott zu erreichen?" Ich war bereit, einen mönchischen Lebensstil anzunehmen, wenn Gott das von mir verlangte und mir zeigte, dass es sein Wille für mein Leben wäre.

Heute ist mir klar, dass mein Verstand wegen meiner Unterernährung gar nicht mehr in der Lage war, klar zu denken. Satan war es beinahe gelungen, durch meinen Extremismus und Fanatismus das zu erreichen, was er drei Jahre zuvor schon versucht hatte, nämlich mich von meinem Erlöser zu trennen und mich vorzeitig ins Grab zu bringen.

Aber der Gott des unendlichen Erbarmens hatte mich nicht vergessen. Er ließ zu, dass ich einige wenige Jahre eine schwere Zeit durchmachte, um eine Lektion zu lernen, die ich nie vergessen werde: Die Erlösung kommt allein durch Christus. Denn: „Wir selbst hatten keine guten Taten vorzuweisen, mit denen wir vor ihm hätten bestehen können. Nein, aus reinem Erbarmen hat er uns gerettet durch das Bad der Taufe – das Bad, in dem wir zu einem neuen Leben geboren wurden, erneuert durch den Heiligen Geist." (Titus 3,5 GNB)

Bruder Gaulin teilte mir nun mit, er sei nach viel Gebet und dem Studium der Schriften von Ellen White zu dem Schluss gekommen, ich müsse zusätzlich zu meiner Gewohnheit, nur zwei Mahlzeiten pro Tag zu essen und einer reinen Ernährungsweise zu folgen, noch einen Tag pro Woche fasten. Gottes Wohlgefallen wäre mir dann sicher und er würde meine Arbeit reich segnen.

Ich entschied mich, seinem Vorschlag zu folgen, und sagte mir: „Ich habe nun schon alles Menschenmögliche getan, um Gottes Gunst zu erlangen, dann kann ich auch noch diese neue Idee ausprobieren. Vielleicht hat das ja noch gefehlt, damit Gott mich reichlich segnet."

So stieg ich Tag für Tag die außenliegenden Treppen der dreistöckigen Wohnhäuser im Nordosten von Montreal hinauf. Nach ein paar Monaten war ich so schwach, dass ich eines Tages, als ich mich mit meiner schweren Tasche voller Bücher zwei Stockwerke hinaufgekämpft hatte, die dritte Treppenflucht nicht mehr schaffte. Mir wurde schwindelig und ich befürchtete, das Gleichgewicht zu verlieren und in die Tiefe zu stürzen.

Da ließ der Herr mich erkennen, dass er meine Selbstkasteiungen nicht segnen und mir aufgrund dieser nicht geben würde, worum ich ihn gebeten hatte. Der Zeitpunkt war gekommen, an dem Gott mich umkehren ließ und in eine ganz andere Richtung schickte. Er ließ mich durch die harte Schule des Lebens gehen, um zur Selbsterkenntnis zu gelangen. Und als ich den Punkt erreichte, an dem ich mich selbst so sehen konnte, wie mich auch andere sahen – insbesondere Gott –, konnte er meine Art zu denken und zu beten völlig verändern.

Schließlich fiel ich auf die Knie und bekannte vor unserem himmlischen Vater, dass ich die Verdienste des göttlichen Blutes, das sein Sohn auf Golgatha für meine Erlösung vergossen hatte, mit Füßen getreten hatte. Er vergab mir meine Sünde der Selbstgerechtigkeit und eröffnete mir eine ganz neue Art, für ihn zu leben. Ich durfte erfahren, wie der Heilige Geist für mich wirkte und wie meine Gebete Tag für Tag erhört wurden. Gott erfüllte mein Leben mit Frieden, Zufriedenheit und einem besonderen Trost in Christus.

Eine heilsame Erfahrung

Es war in den späten 1940er- und frühen 1950er-Jahren relativ einfach, Einlass in die Häuser der Menschen zu bekommen, wenn ich sagte, ich wolle ihnen Ratgeberliteratur vorstellen. In einem Fall bat mich ein gut gekleideter Mann herein. Er hatte gerade einen freien Tag, und es entwickelte sich zusammen mit seiner Frau und seiner Mutter ein ungezwungenes Gespräch. Als ich nach meiner Buchpräsentation kurz innehielt und auf ihre Reaktion wartete, fragte er plötzlich: „Entschuldigen Sie, dass ich für einen Moment das Thema wechsle. Herr Morneau, waren Sie während des Krieges im Militärdienst?"

Ich antwortete, dass ich sowohl in der Handelsmarine als auch in der kanadischen Armee gewesen sei. „Waren Sie einmal in einem Kriegsgefangenenlager?", fuhr er fort. Als ich verneinte, sagte er: „Entschuldigen Sie die dumme Frage. Ich hätte sie besser nicht stellen sollen."

Diese Begebenheit beschäftigte mich sehr. Jeden Morgen, wenn ich mich mit freiem Oberkörper vor dem Spiegel rasierte und diese knöchernen Schultern und Arme ohne die früheren Muskeln sah, fragte ich mich, ob ich meinen Schöpfer damit ehrte. Eine Reihe ähnlicher Erfahrungen stärkten die Überzeugung, dass meine Bemühungen der Heilung durch Ernährung und Selbstdisziplin niemanden positiv zu beeindrucken schienen – vermutlich nicht einmal Gott.

Dann sandte Gott mir in seiner Barmherzigkeit einen Menschen, der mich auf den Weg der Erlösung durch Christus allein führte. Er half mir, den Gedanken der Erlösung durch eigene Werke aufzugeben und zu lernen, mich ganz auf die Verdienste des göttlichen Blutes Christi zu verlassen, durch die allein wir Gottes unersetzliche Gnade geschenkt bekommen.

Pastor Andre Rochat und seine Frau Joyce waren etwa drei Jahre lang für die Kirche im Ausland unterwegs gewesen und gerade wieder nach Kanada zurückgekehrt. Nun wollten sie die französischsprachige Adventgemeinde in Montreal besuchen, die er einige Jahre zuvor betreut hatte. Er hatte maßgeblich daran mitgewirkt, dass Hilda 1945 den adventistischen Glauben annahm. Auch mich hatte er 1947 seelsorgerlich betreut.

Der Mann hatte ein besonderes Taktgefühl im Umgang mit Menschen und besaß jenes Gespür, das Richtige zu sagen oder zu tun, ohne jemandem dabei zu nahe zu treten. Seine Art brachte die Leute dazu, mit ihm über Dinge zu sprechen, die sie niemandem sonst anvertrauten – ein großer Gewinn für seinen Dienst.

Hilda und ich freuten uns also sehr, als Pastor Rochat und seine Frau uns zu Hause besuchen kamen. Nachdem wir etwa zwei Stunden zusammengesessen hatten, gingen er und ich für einen kurzen Spaziergang nach draußen. Als wir so nebeneinander her liefen, fragte er, ob Hilda etwa durch eine Krankheit so viel Gewicht verloren habe. Ich erklärte, dass wir beide so kränklich aussähen, weil wir entschlossen waren, uns Gott durch die Gesundheitsreform ganz hinzugeben.

„Gehe ich recht in der Annahme, dass ihr beide Gaulins reglementierter Gesundheitsreform gefolgt seid?", fragte er. Als ich bejahte, meinte er, er sei mit Gaulins Konzept der Gesundheitsreform vertraut und halte es für den Versuch, Erlösung durch eigene Werke zu erreichen.

Pastor Rochat erklärte mir darauf in seiner freundlichen und christlichen Art, was er „den perfekten Heilsplan unseres himmlischen Vaters" nannte. Er erzählte mir davon, wie Gott „die Welt geliebt [hat], dass er seinen eingeborenen Sohn gab, damit jeder, der an ihn glaubt, nicht verloren geht, sondern ewiges Leben hat" (Johannes 3,16 EB). Und davon, wie „die Freundlichkeit und Menschenliebe Gottes, unseres Retters [erschien]. Wir selbst hatten keine guten Taten vorzuweisen, mit denen wir vor ihm hätten bestehen können. Nein, aus reinem Erbarmen hat er uns gerettet durch das Bad der Taufe – das Bad, in dem wir zu einem neuen Leben geboren wurden, erneuert durch den Heiligen Geist." (Titus 3,4–5 GNB) Er zeigte mir anhand von Jesu eigenen Worten, dass der einzige Weg, Gott den Vater zu erreichen, Christus sei: „Jesus antwortete: ‚Ich bin der Weg, denn ich bin die Wahrheit und das Leben. Einen anderen Weg zum Vater gibt es nicht.'" (Johannes 14,6 GNB) Er sagte, dass der Glaube an die rettende Macht Christi im Laufe der Geschichte abgenommen und sich die Praxis der Werkgerechtigkeit in die christliche Kirche eingeschlichen habe – bis sich letztlich im 16. Jahrhundert Martin Luther gegen diese Lehre erhob, und die protestantische Reformation begann.

Plötzlich fiel es mir wie Schuppen von den Augen. Die Wolke der Ungewissheit, die mich so lange überschattet hatte, löste sich auf. „Danke für diese Hilfe!", sagte ich zu ihm. „Stimmt es, dass mein Glaube an die erlösende Macht Christi den Nullpunkt erreicht hat und dass mein Bemühen, die Erlösung durch eigene Anstrengungen zu erlangen, diese Tatsache offenbart?"

Pastor Rochat schaute mir direkt in die Augen: „Bruder Morneau, wenn dir der Geist Gottes diese

Überzeugung ins Herz gegeben hat, dann musst du wohl recht haben." Es war eine überwältigende Erfahrung, die mein Leben für immer veränderte. Der Geist Gottes heilte mein Denken, das vorher durch Extremismus und Fanatismus völlig fehlgeleitet war; er erfüllte mich mit einer neuen Liebe zu meinem himmlischen Vater. Sein vollkommener Heilsplan stand mir nun vor Augen, und eine neue Bewunderung für das, was Christus auf Golgatha für meine Erlösung vollbracht hatte, erfüllte mein ganzes Wesen.

Von diesem Moment an gewannen meine Gebete an Bedeutung. Zu sehen, wie der Herr das Leben derer segnete, für die ich betete, schenkte mir Frieden und Zufriedenheit. Meine Verkaufszahlen begannen zu steigen, als der Geist Gottes die Menschen dazu bewog, sich für meine Bücher zu interessieren. Ich verkaufte mehr Bücher als jeder andere, und nach ein paar Jahren bat mich der Vorstand der zuständigen Dienststelle, die Leitung der Buchevangelisten in der ganzen Provinz Quebec zu übernehmen.

Ich lehnte das Angebot ab. Zu jener Zeit war unser ältestes Kind fünf Jahre alt und würde bald eingeschult werden. Und da es keine Gemeinde in Montreal gab, zogen wir für ein Jahr nach Ontario und 1954 schließlich in die Vereinigten Staaten.

Bruder Gaulin ließ sich bedauerlicherweise nicht auf den Gedanken ein, dass die Erlösung allein durch Christus kommt. Ganz auf Werke ausgerichtet, versteifte er sich völlig auf dieselben. Eines Tages sagte ich zu ihm: „Das Reich Gottes ist nicht Essen und Trinken, sondern Gerechtigkeit und Friede und Freude im Heiligen Geist." „Woher hast du diese Aussage?", fragte er. „Sie stammt sicher nicht aus den Schriften von Ellen White." „Das ist richtig", antwortete ich, „sie stammt nicht aus ihren Schriften, sondern aus der Bibel: Römer 14,17."

Eines Sonntagnachmittags kam er mit vier Büchern in der Hand an und verkündete, heute nicht über die Gesundheitsreform zu sprechen, sondern über etwas von viel größerer Wichtigkeit für Hilda und mich. Etwas, das uns helfen würde, uns vor dem Herrn rein zu halten, sodass wir seine reichsten Segnungen erhalten könnten. Als ich fragte, was er dabei im Sinn habe, wiederholte er, dass es darum gehe, unsere Körper vor dem Herrn rein zu halten. Also hörten wir uns an, was er zu sagen hatte.

„Gehe ich recht in der Annahme, dass ihr euch entschieden habt, keine weiteren Kinder mehr zu bekommen?" Als ich antwortete, dass dies vorerst unser Plan sei, fuhr er fort: „Ich empfehle euch, wie leibliche Geschwister zu leben und getrennte Schlafzimmer zu haben, bis ihr euch entschließt, wieder ein Kind zu zeugen."

Ich hatte gar keine Gelegenheit, etwas zu entgegen, denn Hilda kam mir zuvor: „Bruder Gaulin, ich hielt dich immer für einen netten Menschen, aber jetzt bist du zu weit gegangen, deine Nase in unsere Angelegenheiten zu stecken. Du lebst in einem Wahn, und wir wollen nicht mehr darüber wissen. Ich bin so wütend! Ich will, dass du aufstehst, deine Bücher nimmst und gehst. Wir werden uns nicht länger anhören, was du zu sagen hast." Und er tat genau das, was Hilda gesagt hatte.

Wenn Hilda und ich auf diese schwierige Zeit zurückblicken, erfüllt uns eine tiefe Dankbarkeit dafür, wie uns der Herr von Bruder Gaulins wahnhaftem Glauben befreite. Wir hatten auf einen Mann mit einem völlig aus dem Ruder gelaufenen Glauben gehört, an dem er trotz unbestreitbarer Gegenargumente festhielt. Und ohne das Eingreifen des Herrn hätten wir leicht einen noch zerstörerischeren Kurs einschlagen können.

Auf eine ganz ähnliche Weise führte David Koresh eine große Anzahl von Menschen in den Feuertod. Und ich muss auch an den Fall von Larry und Leona Cottam aus Nuangola, Pennsylvania, denken, die ihren vierzehnjährigen Sohn Eric zu Tode fasten ließen.[3] „Der 1,75 Meter große Junge war bis auf einunddreißig Kilo abgemagert", schrieb die Stadtzeitung von Wilkes-Barre. „Erics Tod beendete das Fasten der zurückgezogenen Familie, das sie trotz viertausend Dollar Ersparnis auf sich genommen hatte. [...] Cottam, ein ehemaliger Pastor der Siebenten-Tags-Adventisten, meldete am 4. Januar den Tod seines Sohnes der Polizei." Der Vorfall machte große Schlagzeilen in Binghamton, New York, wo wir zu dieser Zeit lebten – nur etwa hundert Kilometer von der Tragödie entfernt.

Laut des Zeitungsberichts begannen die finanziellen Probleme der Familie Cottam im März 1988, als Cottam anlässlich eines Streits mit seinem Chef seinen Job als Lastwagenfahrer verlor. Unser lokaler Radiosender berichtete, Larry Cottam habe seine Anstellung als Pastor wegen seines Extremismus und seiner fanatischen Ansichten verloren. Er hatte seine Frau davon überzeugt, dass der Herr ihren Sohn Eric, wenn er stürbe, von den Toten auferweckte. Noch ein Zitat aus der Zeitung von Wilkes-Barre: „Nach einem siebenwöchigen Gerichtsverfahren entschied die Staatsanwaltschaft des Bezirks Luzerne, Larry und Leona Cottam hätten andere Schritte als das Gebet unternehmen müssen, um Erics Tod und Lauras [deren Tochter] Unterernährung zu verhindern. Die Jury befand die

---

[3] Der Fall des ehemaligen adventistischen Pastors Larry Cottam machte nationale Schlagzeilen. Die vierköpfige Familie unterzog sich einem religiös motivierten sechswöchigen Fasten, das im Januar 1989 mit Tod des Sohnes Eric tragisch endete.

Cottams am 8. September nach knapp zwei Stunden für des Totschlags schuldig."

Wie wahr, dass Extremismus und Fanatismus den Verstand beeinträchtigen! Nach unseren Erfahrungen mit Bruder Gaulin brauchten wir einige Monate, um unser Leben wieder in geordnete Bahnen zu bringen. Wir beteten viel und baten den Herrn, uns zu führen, damit wir unsere Prioritäten richtig setzten.

Auf einem Campmeeting in jenem Jahr traf ich einen erfahrenen Pastor, der mir eine große Hilfe wurde. Er erklärte mir, wie er seine Gemeinden im Laufe der Jahre so geleitet hatte, dass sie die Gesundheitsreform nicht ins Extreme trieben. Er empfahl ihnen folgende Prioritätenliste:

1. Liebe zu Gott
2. Leidenschaftlicher Einsatz zu seiner Ehre
3. Liebe zur gefallenen Menschheit[4]
4. Sorge für die eigene Familie[5]
5. Gesundheitsreform

Während wir uns einerseits um einen gesunden Lebensstil bemühen sollten, meinte der erfahrene Pastor, sollten wir andererseits nie zulassen, dass dies an die Stelle der anderen Prinzipien der Gerechtigkeit trete. In Römer 14,17 heißt es: „Das Reich Gottes ist nicht Essen und Trinken, sondern Gerechtigkeit und Friede und Freude im Heiligen Geist."

---

[4] Diese ersten drei Punkte beziehen sich auf ein Zitat von Ellen White in *Der Sieg der Liebe*, S. 312: „Die Liebe zu seinem Vater, der Eifer für Gottes Ehre und die Liebe zur gefallenen Menschheit ließen Jesus auf diese Erde kommen, um zu leiden und zu sterben. Dies war die treibende Kraft in seinem Leben."

[5] Dies ist ein Prinzip der höchsten Ordnung vor Gott: „Wenn aber jemand die Seinen, besonders seine Hausgenossen, nicht versorgt, hat er den Glauben verleugnet und ist schlimmer als ein Ungläubiger." (1. Timotheus 5,8)

Jener Mann Gottes versicherte mir, niemanden zu kennen, der seine Prioritäten in der obigen Reihenfolge gesetzt und sich dennoch in Bezug auf die Gesundheitsreform ins Extrem verstiegen hätte. Aber er hatte viele Gläubige erlebt, die die oberste Priorität mit der fünften vertauscht und somit das erste Gebot verletzt hatten. Infolgedessen war ihr christliches Leben nicht so segensreich, wie es hätte sein können.

Ich erfuhr am eigenen Leib, dass Gott nicht von uns verlangt, unseren Körper zu kasteien, um dadurch seine Aufmerksamkeit oder Gunst zu erlangen. Er möchte vielmehr, dass wir das wertschätzen, was er bereits für uns getan hat, indem wir die Erlösung annehmen, die er für einen solch hohen Preis auf Golgatha erwirkt hat.

An dieser Stelle noch ein Zitat Ellen Whites zum Thema:

> Einige scheinen zu glauben, sie befänden sich in einer Art Probezeit und müssten dem Herrn beweisen, bekehrt zu sind, bevor sie seinen Segen beanspruchen können. [...] Viele begehen einen Fehler. [...] Sie hoffen, durch eigene Anstrengungen zu überwinden und durch ihre eigene Gerechtigkeit die Gewissheit der Liebe Gottes zu gewinnen. Sie üben keinen Glauben; sie glauben nicht, dass Jesus ihre Zerknirschung und Reue erkennt, und so plagen sie sich Tag für Tag ab, ohne Ruhe oder Frieden zu finden.[6]

---

[6] Ellen White, *Gospel Workers*, Washington D.C. 1948, S. 414,440.

Ein Aufruf an ehemalige Siebenten-Tags-Adventisten

Alle Leser, die die Adventgemeinde verlassen haben, weil sie dadurch entmutigt wurden, nicht all den Ansprüchen genügen zu können, von denen ein übereifriges Mitglied behauptete, sie seien nötig, um Gott zu gefallen und seinen Segen zu empfangen, möchte ich aufrufen: Bitte, kommt zurück!

Und an diejenigen, die davon entmutigt wurden, dass sie auf andere Gemeindeglieder aufschauten, die scheinbar ihre Erlösung durch eigene Werke erreichten, richte ich die gleiche Bitte. Ihr wolltet es euren Vorbildern gleichtun, konntet euch aber nicht dazu durchringen, so zu leben wie sie. Deshalb habt ihr euch entschieden, euch von ihnen zu distanzieren und vielleicht sogar die Gemeinde zu verlassen: Bitte, kommt zurück!

Jesus wird in Kürze wiederkommen und diejenigen, die sich täglich durch die Verdienste seines vergossenen Blutes erlösen lassen, zu sich holen. Er möchte, dass wir eines Tages mit ihm im Haus unseres himmlischen Vaters sind, wo er uns jetzt schon eine Stätte bereitet. Liebe Freunde, bereiten wir uns gemeinsam auf dieses große Ereignis vor.

Herzlich
Roger J. Morneau

Eine Klarstellung

Ich betone, dieses Kapitel nur aus dem Wunsch heraus geschrieben zu haben, durch Gottes Gnade jenen Menschen zu helfen, die die Kirche der Siebenten-Tags-Adventisten aus den oben genannten Gründen verlassen haben oder mit dem Gedanken spielen, sie zu verlassen. Bitte überdenkt euer Vorhaben gründlich. Die Adventisten, die Jesu Heilsangebot allein durch das Kreuz angenommen haben, versuche ich nicht dazu zu bringen, ihre Lebensweise zu verändern, oder sie davon abzuhalten, all das Gute zu tun, das ihr Leben bereichert.

Es tut mir im Herzen weh, Briefe von Eltern zu erhalten, die berichten, ihre erwachsenen Kinder hätten die Kirche verlassen, weil sie nicht das Gefühl hatten, in der Adventgemeinde den Weg zur Erlösung kennenzulernen. Und nach ihrem Austritt aus der Gemeinde denken viele von ihnen, sie könnten jetzt, wo sie das ewige Leben angeblich ohnehin verloren haben, ebenso in die Welt hinausgehen und alles ausleben, was sie sich nur wünschten. Ich möchte euch, ihr Lieben, ermutigen, in die Kirche zurückzukehren, die Gottes Gebote hält. Der Herr hat mir deutlich gemacht, dass es meine besondere Pflicht als ehemaliger Teufelsanbeter ist, denen zu helfen, die ihn aufgegeben haben.

Kapitel 8

Fragen meiner Leser

Die Leser meiner beiden Bände von *Nicht zu fassen* sind gottesfürchtige Menschen, denen das geistliche Wohl ihrer Lieben am Herzen liegt. Aus diesem Beweggrund heraus werde ich auch immer wieder gefragt, ob ich ein bestimmtes Buch oder eine Veröffentlichung lesen und ihnen dann meine Meinung dazu sagen könne.

Seit Herbst 1993 haben mich viele nach meiner Meinung zu Vaughn Allens Buch *Victory on the Battlefield* (dt. „Sieg auf dem Schlachtfeld") gefragt. Was Allen im Kapitel „Dämonisierte Christen" über die Siebenten-Tags-Adventisten schreibt, hat viele entsetzt. Auf der anderen Seite hofften manche, ich würde erkennen, welch ein großes Werk dieser adventistische Exorzist für den Herrn tue, wenn ich das Buch von Anfang bis Ende läse.

Nun, ich habe das Buch unter Gebet von Anfang bis Ende gelesen. Ich bin mehr denn je davon überzeugt, dass ein geistlicher Leiter, der mit einem dämonischen Geist spricht, eine gefährliche Gräueltat vor Gott begeht. Exorzisten mögen glauben, sie vollbrächten ein großes Werk, doch es ist nicht für Jesus.

Nachdem ich gelesen habe, was Allen über „dämonisierte Christen" zu sagen hat, stimme ich sehr vielen meiner Leser zu, dass es das Abscheulichste ist, was je über Gottes Volk, das seine Gebote hält, geschrieben wurde. Hier einige Auszüge daraus:

> An dieser Stelle möchte ich meine Leser darauf aufmerksam machen, dass die meisten von denen, für die

ich in meiner Geistlichen Kampfführung eingetreten bin, [...] zur Gemeinde der Übrigen gehören. Es sind deine Brüder und Schwestern, die Sabbat für Sabbat neben dir in der Gemeinde sitzen. [...] Einige von ihnen sind Leiter und Amtsträger in ihren Ortsgemeinden. Andere sind Musiker, deren Talente ihr bewundert. [...] In einigen wenigen Fällen handelt es sich um Angestellte unserer Institutionen. Und in einigen wenigen Fällen sind dies [...] *Pastoren*, die das Wort Gottes Sabbat für Sabbat predigen.[1]

An keiner Stelle berichtet das Neue Testament davon, dass Christen jemals von Dämonen besetzt wurden. Wenn so etwas geschehen wäre, hätte Gott jemanden darüber in klaren Worten schreiben lassen.

Luzifer hat einen Plan entwickelt, der gottesfürchtige Menschen mit Sicherheit abschrecken wird, die ernsthaft in Erwägung ziehen, sich den Adventisten anzuschließen. Die Vorstellung, viele Adventisten seien von Dämonen besessen, lässt viele sonntagheiligende Christen zurückschrecken. Dämonen benutzen adventistische Exorzisten, um die Kirche zu stigmatisieren und Menschen von ihr abzuwenden. Satan und seine Untergebenen nutzen die Macht der Suggestion – eine der größten Mächte, die die Menschheit kennt –, um den Glauben vieler zu zerstören.

Adventistische Exorzisten haben Anschuldigungen und Behauptungen aufgestellt, die dazu führten, dass sich viele so fühlen, als hätten sie geistlich total versagt, als hätten all ihre Gebete zu Jesus im Laufe der Jahre nichts bewirkt oder als seien sie sogar von Dämonen besessen. Solche Anschuldigungen zerstören ihren Glauben an die rettende Kraft Christi vollkommen und liefern sie tatsächlich der Gewalt Satans aus.

---

[1] Vaughn Allen, *Victory on the Battlefield*, New York 1993, S. 70–71. (Anm. d. Red.)

Viele Leser fragten mich: „Wie erklären Sie sich dann die Tatsache, dass adventistische Exorzisten so davon überzeugt seien können, sie täten ein großes Werk für Gott?" Ich antwortete für gewöhnlich: „War nicht auch David Koresh aufrichtig überzeugt von seinen Wahnvorstellungen?"

Denke nach und werde reich

Ein weiteres wiederkehrendes Thema, zu dem ich Anfragen erhalte, sind gewisse Selbsthilfebücher. Hier ein Beispiel:

Herr Morneau,
ich habe in meinem Bücherschrank das Buch mit dem Titel Denke nach und werde reich *von Napoleon Hill. Ich habe es mir vor vielen Jahren gekauft und viele seiner Prinzipien für meine Arbeit als Verkäufer angewandt. Ich hielt es immer für ein großartiges Buch.*

Aber vor Kurzem entdeckte ein Mann, der mich zu Hause besuchte, das Buch und fragte, ob mir bewusst sei, dass Napoleon Hill sich auf übernatürliche Mächte eingelassen hatte. Natürlich war ich sehr überrascht. Bislang hatte ich nichts über die religiösen Überzeugungen des Autors gewusst oder darüber, ob er überhaupt welche hatte.

Ist Ihnen vielleicht etwas bekannt, das Licht in diese Angelegenheit bringen könnte? Falls Sie wissen, ob Hill mit der Welt der Geister zu tun hatte, würden Sie mich bitte darüber informieren? Ich möchte auch vorschlagen, dass Sie in Ihrem nächsten Buch darüber schreiben, da sich Denke nach und werde reich *millionenfach verkauft hat. Wahrscheinlich besitzen sehr viele Ihrer Leser dieses Buch und wären dankbar für Ihre Stellungnahme zum Autor.*

Mit freundlichen Grüßen
D. M. A.

In meiner Antwort schrieb ich ihm, dass Napoleon Hill (1883–1970) eine Philosophie vertrat, die von Satan inspiriert wurde, um die Aufmerksamkeit der Menschen auf sich selbst zu lenken und auf diese Weise große Dinge zu erreichen. Als Spiritist erwarb er all seinen Reichtum nicht etwa durch Nachdenken, sondern dadurch, dass er den Willen dämonischer Geister tat, die ihn dann zum Erfolg führten. An einem runden Tisch führte er Gespräche mit Geistern, die vorgaben, Edison, Darwin, Lincoln, Napoleon, Ford und Carnegie zu sein. Fast jede Nacht hielt er Rat mit seinen „unsichtbaren Beratern", die ihm das weitergaben, was er „die größten Geheimnisse" nannte. Auch wenn Hill in seinen Werken oft auf Gott verweist, war er kein Christ. Tief in die Magie verstrickt, lehnte er den Gott der Bibel und den christlichen Glauben ab, den ihm sein Vater in seiner Kindheit auf grausame Weise versucht hatte aufzuzwingen. Stattdessen entschied er sich, einer unpersönlichen Kraft bzw. dem Universellen Geist zu vertrauen, den er dann Gott nannte. Was Hill sich zu eigen machte, war die östliche Religion mit ihrem Glauben an Reinkarnation, spiritistischen Medien und handfester Hexerei.

In der Geisterverehrung wird Hexerei definiert als „Ausübung einer Kraft, die durch die Beihilfe oder Kontrolle dämonischer Geister gewonnen wird". Gefallene Engel gebrauchten Hill, um einige der sogenannten Wissenschaften des Geistes in die Welt einzuführen, einschließlich des Konzepts, dass „alles, was der menschliche Geist glauben kann, auch vom menschlichen Geist erreicht werden kann".

In Wirklichkeit bewirkt ein solcher Glaube, dass ein Mensch sich indirekt selbst zum Gott erklärt. Hills „magische Glaubenskraft" basiert auf der Grundannahme, dass der menschliche Geist in sich selbst geheimnisvolle Kräfte besitzt, die in der Lage sind, die eigene Wirklichkeit zu erschaffen. „Glaubt wirklich fest daran, dass ihr großen Reichtum haben werdet, und ihr werdet ihn haben." Den Menschen wird gesagt: „Dein Schicksal liegt in der Macht deines Geistes. Was immer du dir vorstellen kannst, ist dein." Das ist es, was die säkulare Welt „die Wissenschaft des Erfolgs" nennt.

Hills Buch wurde auch „Leitfaden zur Erschließung des großen universellen Speichers der Unendlichen Intelligenz, der alles Wissen und alle Fakten enthält und mit dem über das Unterbewusstsein Verbindung aufgenommen werden kann" genannt. In Wirklichkeit liebäugeln die Menschen unwissentlich mit der Macht und Kontrolle dämonischer Geister.

Christen sollen allein den Geist Christi suchen, und dieser Geist ist nicht materialistisch ausgerichtet. Er konzentriert sich nicht auf große Erfolge oder auf Reichtum. Sein Interesse gilt allein der Herrlichkeit Gottes, dem Gehorsam gegenüber seinem Wort und der Vorbereitung einer Menschheit, die einmal auf der neu geschaffenen Erde leben wird.

Irdische Gewinne sollten niemals das Hauptanliegen eines Christen sein. Leider nehmen viele Christen Hills Konzepte bereitwillig an, weil er sie mit so viel Gutem vermischt hat.

Für Menschen mit geänderten Namen beten

Manche Menschen haben ziemlich eigenartige Vorstellungen vom Beten. Eine Frau bat mich, für ein krankes Mitglied ihrer Familie zu beten, und schrieb: „Eine Freundin von mir möchte wissen, ob Sie einverstanden wären, wenn sie Ihnen geänderte Namen von Personen schickte, für die Sie beten sollen. Sie meint, es sollte kein Problem sein, da Gott ja alle Menschen auf der Erde kenne und zweifellos wüsste, auf wen sich die geänderten Namen bezögen."

Ich antwortete ihr: „Ich bin zutiefst davon überzeugt, dass wir Fürbitten nicht auf das gleiche Niveau stellen sollten wie Briefe an den Weihnachtsmann. Sie sind keineswegs die Erste, die mich das fragt. Lassen Sie mich meine Ansicht erklären, indem ich Ihnen eine interessante Erfahrung erzähle: Eine Frau namens Jane schrieb von zwei sehr wichtigen Gebetsanliegen und verwendete geänderte Namen für die betreffenden Personen, die sich in Not befanden. Sie berichtete mir, wie sehr die beiden Menschen in ihrem Leben die besondere Hilfe Gottes benötigten, und schloss ihren Brief mit: ‚In Christus, Ihre Jane'. Der Nachname fehlte. Als ich den Brief las, lag ich auf meinem Bett, um mich wegen meines schwachen Herzens auszuruhen. Ich verfasste eine erste Antwort, die ich später auf meinem Computer abtippen wollte. Darin erklärte ich, warum ich in meinen Fürbitten keine geänderten Namen verwenden könne, und fragte nach den echten Namen der Personen. Nachdem ich schließlich meine Antwort auf dem Computer abgetippt hatte, schaute ich mir die Absenderadresse auf dem Umschlag an und fand darauf zu meiner Überraschung weder den Namen noch die Hausnummer der Absenderin. Jane hatte nur den Namen ihrer Straße, die Stadt und die Postleitzahl notiert. Mein Brief konnte also nicht versendet werden. Aber ich möchte meine damalige Antwort hier mitteilen:

Liebe Schwester Jane,

dein Brief vom 21. Februar 1994 ist heute Nachmittag bei mir eingetroffen. Es fällt mir sehr schwer, dir sagen zu müssen, dass es mir nicht möglich ist, deine beiden Gebetsanliegen mit aufzunehmen. Denn ich glaube, dass die Fürbitte für Mitmenschen ein heiliges Vertrauen ist, das ewige Bedeutung hat und nicht auf die leichte Schulter genommen werden sollte.

Erfundene Personennamen vor dem großen König des Universums zu präsentieren, vor dem die Engel ihre Gesichter in Anbetung verhüllen, ist etwas, was ich nie tun könnte. Es tut mir leid. Ein weiterer Grund, warum ich keine erfundenen Namen verwenden kann, wenn ich zu Jesus bete, ist, dass ich meinen Fürbittedienst für Menschen in Not auf das Vorbild des biblischen Hohepriesters gründe, von dem in 2. Mose 28,29 [NLB] gesagt wird: „Auf diese Weise soll Aaron die Namen der Stämme Israels auf der Brusttasche auf seinem Herzen tragen, wenn er in die Gegenwart des Herrn im Heiligtum tritt. So wird der Herr immer an sein Volk erinnert." Deshalb bitte ich Jesus immer, die Namen der Personen, für die ich bete, in seine hohepriesterliche Brustplatte einzugravieren, damit er sie ständig auf seinem Herzen trage. Du verstehst sicher, warum es mir nicht möglich ist, in meinen Fürbitten erfundene Namen zu verwenden.

In christlicher Verbundenheit
Roger J. Morneau

Jane schrieb mir zwei weitere Briefe, leider wieder ohne vollständige Rückadresse, sodass ich ihr nie antworten konnte.

Wie schnell werden Gebete erhört?

Eine andere Frau beschrieb mir, wie der Geist Gottes meine ersten beiden Bände von *Nicht zu fassen* benutzt hatte, um Hoffnung und neuen Glauben in ihre Familie zu bringen. Am Ende ihres Briefes schrieb sie: „Meine Großmutter möchte gerne wissen, welches die kürzeste Zeitspanne war, die Sie auf die Erhörung eines sehr wichtigen Anliegens warten mussten."

In den zwei folgenden Erfahrungen hat Gott auf Gebete in Not fast unmittelbar geantwortet.

An einem Montag im Januar 1994, morgens um neun Uhr, erhielt ich einen Anruf von einem Mann in Portland, Oregon. Er fragte, wann mein nächstes Buch herauskäme. Ich sagte, ich wisse es noch nicht. Vor allem eine Sache hatte mein Schreiben stark verlangsamt. Obwohl ich mir im Laufe der Jahre viele Passagen aus den Büchern von Ellen White gemerkt hatte, hatte ich leider die meisten der Referenzen vergessen und musste sie in meinen alten Verzeichnissen mühsam suchen.

„Ich ging davon aus, dass jemand wie du die Schriften von Ellen G. White auf seinem Computer habe, wo er sie jederzeit abrufen kann", meinte er.

Ich erklärte, dass ich wegen meiner Herzkrankheit von den begrenzten Mitteln meiner Sozialversicherung lebte. Ich erzählte ihm auch, dass ich die Schriften von Ellen White auf CD-ROM gesehen hätte, die im *Adventist Review* beworben wurden. Aber als ich ihren hohen Preis gesehen hatte, hatte ich Gott um Hilfe gebeten, sie nicht zu begehren, da ich sie mir schlichtweg nicht leisten konnte.

Ich konnte meinen Ohren kaum trauen, als der Mann das Folgende zu mir sagte. Er besaß ein Restaurant in Portland, in das viele gute Bekannte zum Essen kamen. Er wollte sie darauf ansprechen, ob sie sich bei der Beschaffung des Geldes für die Software der Schriften von Ellen White beteiligten.

Als ich auflegte, erwähnte ich meiner Frau gegenüber die Möglichkeit, an diese wertvollen Schriften für meinen Computer zu kommen, die mir beim Schreiben meiner Bücher helfen würden. „Schön und gut", sagte sie, „aber ich glaube nicht, dass du sie schon für die Arbeit an deinem aktuellen Buch haben wirst. Doch sicherlich eher dann, wenn du an deinem nächsten arbeitest."

Um sechs Uhr abends, wir setzten uns gerade zum Abendessen an den Tisch, klingelte das Telefon. Der Anruf war ebenfalls aus Oregon. Eine Frau informierte mich, dass sie gerade mehrere hundert Dollar für den Kauf der Ellen-White-CD-ROM zugesagt hatte. Ebenso habe sie eine Firma in der Nähe von San Francisco beauftragt, die Programmierung meines Computers vorzunehmen. Für mich entstünden keinerlei Kosten. Ich war sprachlos über diese Neuigkeiten. Welch ein wunderbares Werk der Vorsehung Gottes! Was mich außerdem sehr beeindruckte, war die Spendenbereitschaft dieser Gemeindeglieder, die so großzügig gaben, um dadurch Segen und Freude in das Leben anderer zu bringen.

Um das Unmögliche bitten

Am selben Montag, etwa eine Stunde nach dem Telefonat mit dem Mann aus Oregon, fühlte ich mich ziemlich hilflos. Ich hatte zwar einen Computer und einen Drucker, wusste aber nur sehr wenig damit anzufangen. Beide Geräte mussten erst auf eine spezielle Weise konfiguriert werden, damit ich sie effizient nutzen konnte. Meine Idee war folgende: Wenn ich aus den Hunderten Briefen, die ich seit 1982 an meine Leser geschrieben hatte, etwa fünfzig auswählte und sie dann in eine Datenbank einspeiste, könnte ich innerhalb weniger Sekunden einen ganzen Brief oder einen beliebigen Absatz daraus wieder aufrufen und für einen neuen Brief nutzen. Auf diese Weise wäre ich viel schneller und könnte mit meiner Korrespondenz Schritt halten.

Ein paar Wochen zuvor hatte ich einige Computerfirmen rund um Modesto, Kalifornien, angerufen und in Erfahrung gebracht, dass es achtzig Dollar pro Stunde kostete, wenn ein Experte meinen Computer entsprechend meinen Vorstellungen konfigurieren und mich überdies bei auftretenden Fehlern beraten würde. Ich fühlte mich völlig hilflos. Diese Art professioneller Hilfe konnte ich mir auf keinen Fall leisten. Und das bedeutete: Ich kam nicht weiter.

Gegen zehn Uhr morgens an besagtem Montag meinte ich zu Hilda, nun sei ein guter Zeitpunkt, um für die mächtige Kraft Gottes für unsere Arbeit zu beten. Ich erklärte ihr die Situation mit meinem Computer und schlug vor, um einen IT-Experten zu beten. Wir sollten unseren himmlischen Vater um einen guten und erfahrenen Fachmann bitten, der außerdem die Geduld eines Engels hätte, da ich alt bin und die Anweisungen nicht mehr so schnell aufnehmen kann wie früher.

Hilda sagte für einen Augenblick nichts und erwiderte dann: „Wenn du Gott schon um all dies bitten willst, kannst du genauso gut einen Schritt weiter gehen und um eine Möglichkeit bitten, diesen Experten zu bezahlen."

Ich musste an unsere Erfahrung mit dem Kopiergerät denken, der ohne Farbpatrone weiterlief. Ich wusste, wenn ich Gott bäte, mein Computerproblem zu lösen, könnte er nicht nur das vollbringen, sondern sich auch um die Kosten kümmern.

Etwa eine Stunde nachdem Hilda und ich für dieses Anliegen zu Gott gebetet hatten, gab jemand bei der Post in Angwin, Kalifornien, einen Brief an mich auf. Und vor Kurzem, als ich mich darauf vorbereitete, über diese Erfahrung in diesem Buch zu schreiben, telefonierte ich mit meinem Computerfachmann und bat ihn, kurz zusammenzufassen, wie der Heilige Geist ihn damals führte, mir zu schreiben.

Einen Tag bevor ich mit Hilda betete, suchte der Mann in seinen Bücherregalen nach einem inspirierenden Buch. Er wählte den zweiten Band von *Nicht zu fassen* aus und las ihn in einem Zug durch. Der Heilige Geist berührte ihn auf besondere Weise und bewog ihn dazu, mir seine Dienste anzubieten, falls ich sie benötigte. Sein Brief erreichte mich am Mittwoch jener Woche. Hier ist er:

Lieber Bruder Morneau,
wir haben uns noch nicht persönlich getroffen, aber ich habe dich durch Pastor Ron Clouzet und durch drei deiner Bücher kennengelernt.

Vor einiger Zeit habe ich mitbekommen, wie in der Roseville-Adventgemeinde ein Aufruf gemacht wurde, dir einen Computer zur Verfügung zu stellen. Ich weiß weder, ob die Gemeinde meinen Empfehlungen folgte, noch, ob du nun einen Computer besitzt. Ich möchte dir dennoch meine Hilfe für die Inbetriebnahme und die Nutzung eines Computers anbieten. (...) Diese Art der Unterstützung ist Teil meines Berufs. Ich richte häufig PCs ein und schule Kunden im Umgang damit. Ich möchte auch dir gerne meine Hilfe anbieten, solltest du sie benötigen.

Zögere nicht, mich unter der oben genannten Telefonnummer oder Adresse zu kontaktieren.

Möge Gott dich weiterhin leiten
Mike Nelson

Hilda und ich haben im Laufe der vergangenen Jahrzehnte oft erlebt, wie die Hand Gottes zu unseren Gunsten eingriff, aber irgendwie hat uns diese Vorsehung – auf die wir zwar gehofft, aber die wir nicht so schnell erwartet hatten – doch sehr überrascht! Wir schauten einander an, als erwachten wir soeben aus einem wunderbaren Traum, und ich fragte Hilda: „Passiert das jetzt gerade wirklich?"

Meine Frau wollte den Brief auch sehen. Nachdem sie ihn gelesen hatte, meinte sie: „Du und ich müssen uns darauf einstellen, dass Jesus bald wiederkommt und dass der Heilige Geist uns liebend gern in unserem kleinen Beitrag dazu unterstützt, die Menschen auf dieses großes Ereignis vorzubereiten."

Mike Nelson und seine Frau Luella sind uns wundervolle Freunde geworden. Ich bewundere Mikes Computerfachkenntnisse und sein Engagement für Gottes Werk. Obwohl er weiß, dass ich oft nachts schreibe, nachdem ich um Mitternacht meine Herzmedikamente genommen habe, besteht er darauf, dass ich ihn auch zu dieser späten Stunde anrufe, sollte ich Probleme mit dem Computer haben. Und obwohl ich mir fest vorgenommen hatte, das nie zu tun, musste ich ihn doch einige Male anrufen, wenn ich versehentlich etwas Falsches angeklickt hatte.

Seitdem er sich meinem Fürbittedienst angeschlossen hat, ist Mike bewusst geworden, dass Satan und seine gefallenen Engel sehr wütend darüber sind, dass er meine Arbeit unterstützt. So entging er einige Male nur knapp katastrophalen Autounfällen. Manchmal nahmen die Nelsons auch die Gegenwart übernatürlicher Kräfte wahr. Eines Abends, als sich Mike und seine Frau zum Gebet in ihrem Wohnzimmer niederknieten, explodierte plötzlich eine Glühbirne mit einem entsetzlichen Knall. Glassplitter flogen überall hin und die Glühfäden brannten sich in den Teppichboden. Als sie weiterbeteten, fiel ein großer kastenförmiger Fensterlüfter, der in einer Ecke des Raumes gestanden hatte, um und machte einen so großen Lärm, als hätte ihn jemand von der Decke fallen lassen.

Die Liebe einer Mutter

Eine Frau bat mich dringend um Fürbitte für ihren Sohn, der einen schrecklichen Fehler gemacht hatte und gerade in einem staatlichen Gefängnis saß. Es berührte mich zutiefst, von ihrer Liebe und ihrer nie versiegenden Fürsorge für ihren auf Abwege geratenen Sohn zu lesen. Sie erzählte, dass es in ihrem Staat niemandem erlaubt sei, Bücher an die Insassen weder eines staatlichen noch eines Bundesgefängnisses zu senden. Sie hatte die überarbeitete Ausgabe meines Buches *Eine Reise in die Welt des Übernatürlichen* gelesen und war so bewegt davon, was sie darin über Satans Wirken und das seiner Engel erfahren hatte, dass sie kurzerhand beschloss, jede freie Minute dafür aufzuwenden, ihrem Sohn das Buch per Hand abzuschreiben. Was mich stark beeindruckte: Die Frau hatte eine Ganztagsstelle und arbeitete am Wochenende auch noch in einem Blumenladen. Ihr zusätzliches Projekt erledigte sie daher entweder nachts oder sabbats.

Gebete, die im Voraus beantwortet wurden

Vor einiger Zeit ließ ich mir eine Bifokalbrille anfertigen, da ich mit meiner alten Brille nicht mehr scharf sehen konnte. Gleichzeitig bekam ich auch eine spezielle Brille für die Arbeit am Computer verschrieben. Sie brachte zwar ein bisschen Erleichterung, doch meine Augen fingen trotzdem immer fürchterlich an zu schmerzen, wenn ich zu lange vor dem Monitor saß.

Ich berichtete meinem Optiker, dass ich zusätzlich zur Brille noch eine Lupe bräuchte, um am Monitor bestimmte Funktionen in der Symbolleiste erkennen zu können. Es handelte sich dabei um Funktionen wie die Rechtschreibprüfung, das Öffnen oder Schließen einer Datei, das Aktivieren des Druckers und dergleichen.

Der Optiker meinte, nur ein anderer Bildschirm könne das Problem lösen – und zwar ein hochauflösender 21-Zoll-Bildschirm. Er fügte hinzu, dass dieser rund zweitausend Dollar oder mehr koste.

Auf dem Heimweg seufzte ich innerlich: *Ich befürchte, meine Arbeiten am Computer werden bald ihr jähes Ende finden, es sei denn, der Geist Gottes greift ein.* Plötzlich kam mir ein Gedanke: *Was ist mit dem Arzt aus Singapur?*

Ungefähr einen Monat zuvor hatte ich einen Brief von einem Arzt erhalten, der gerade von einem besonderen Einsatz am Youngberg Adventist Hospital in Singapur zurückgekehrt war. Der Arzt und seine Frau hatten meine Bücher begeistert gelesen. Bevor sie nach Amerika aufbrachen, hatten sie etwa hundert Exemplare davon an das Krankenhauspersonal und andere Leute weitergegeben.

In seinem Brief erklärte Kent Van Arsdell, er und seine Frau Joan wollten etwas tun, um meinen Dienst zu unterstützen. Falls ich Computerzubehör oder irgendetwas anderes benötigen sollte, würde er gerne das entsprechende Geld dafür aufbringen. Ich war außer mir vor Freude, wie die Hand des Herrn hier für mich wirkte.

Und heute, während ich diese Zeilen meines Buches in den Computer tippe, sehe ich sie scharf auf einem hochauflösenden 21-Zoll-Monitor. Ich danke meinem Herrn von ganzem Herzen dafür, dass er ein Gebet bereits erhört hatte, lange bevor ich es überhaupt aussprach. Und vielen Dank an all die Menschen, die dazu beigetragen haben, mich und meinen Fürbittedienst zu segnen.

Kapitel 9

Erlöstsein

Ich habe dieses Buch dem Heiligen Geist gewidmet, der dritten Person der Gottheit und dem Stellvertreter Christi auf Erden. Er segnet mein Leben Tag für Tag. Und es vergeht kein Tag, an dem ich nicht erfahre, dass der Heilige Geist das Leben eines oder mehrerer Menschen reichlich segnet, für die ich bete. So fühle ich mich ihm gegenüber zutiefst verbunden, der die Gnade Gottes so großzügig an diejenigen weitergibt, die ihrer bedürfen.

So enthielt zum Beispiel einer der Briefe, die ich heute erhalten habe, lauter gute Nachrichten. Vor sieben Monaten bat mich eine Frau Mitte sechzig, ihre Familie auf meine tägliche Gebetsliste zu setzen. Ihre Verwandten standen vor allerlei Problemen und Herausforderungen, die scheinbar nicht zu bewältigen waren. Ich sagte ihr zu und lud sie dann ein, mit mir täglich für ihre Lieben zu beten. Zuerst sollte sie um die Verdienste des Blutes bitten, das Christus bereits für deren Erlösung vergossen hatte. Danach sollte sie beten, dass der Heilige Geist jedem Einzelnen die Gnade der Erlösung zuteilwerden lasse und ihre geistlichen Kämpfe austrage.

Der Geist Gottes überhäufte ihre Familie schon bald mit vielen Segnungen. Ich möchte nur zwei davon erwähnen. Gemäß ihrem heutigen Brief hat ihr alkoholkranker Sohn seit mehr als fünf Monaten nichts mehr getrunken, und ihre Schwester, die die Kirche vor zehn Jahren verlassen hatte, ist nun zurückgekehrt. Höchst erfreut kommentierte die Frau: „Ich danke meinem lieben und teuren Erlöser Jesus oft, dass er dich und deine Ehefrau in diesem wunderbaren Dienst gebraucht."

Auch wenn ich mich über solche guten Nachrichten freue, bleibe ich sorgsam darauf bedacht, keine Ehre für mich selbst in Anspruch zu nehmen. Sie gebührt allein Gott, der unsere gemeinsamen Bitten so bereitwillig erhört. Ich erhebe mein Herz zu unserem himmlischen Vater, um ihm für seinen Heiligen Geist zu danken, der solche Wunder der Erlösung vollbracht hat.

Folgendes ist meine feste Überzeugung: Wenn wir als Gläubige der Gemeinde Christi, die seine Gebote wahrt, den Mittlerdienst im himmlischen Heiligtum mehr schätzten und aufmerksamer gegenüber dem Wirken des Heiligen Geistes im Leben derer wären, für die wir beten, würden wir uns unserem himmlischen Vater mit noch freudigeren Herzen nähern und ihm unentwegt für seinen vollkommenen Heilsplan danken. Wir würden es verinnerlichen, Gott gegenüber ganz automatisch lobpreisend zu leben, und unsere christliche Erfahrung würde uns zunehmend stärken.

Dann könnte unser himmlischer Vater seine Zusage aus Psalm 91,14–16 in unserem Leben verwirklichen: „Er liebt mich, darum will ich ihn erretten; er kennt meinen Namen, darum will ich ihn schützen. Er ruft mich an, darum will ich ihn erhören; ich bin bei ihm in der Not, ich will ihn herausreißen und zu Ehren bringen. Ich will ihn sättigen mit langem Leben und will ihm zeigen mein Heil."

Nun, mit über siebzig Jahren, empfinde ich diese Bibelverse als überaus tröstend und ermutigend. Der Gedanke an die Zeit der Trübsal, die bald überraschend über diese Welt hereinbrechen wird, beunruhigt mich nicht mehr, denn Jesus wird sich als der mächtige Erlöser erweisen, der er ist. Er wird uns erlösen und aus allen Schwierigkeiten befreien, denen wir begegnen mögen.

Manche Menschen haben ein sehr begrenztes Verständnis vom Begriff der Erlösung in Bezug auf unser ewiges Leben. Sie beschränken es auf ihre persönliche Verwandlung beziehungsweise Auferstehung aus ihrem Grab bei Jesu Wiederkunft und dem Aufgenommenwerden in die himmlischen Wohnungen. Wohl sollten wir dieses Ereignis zum Mittelpunkt unseres Interesses machen und zum Ziel unseres Lebens hier auf der Erde. Aber ich bin geneigt zu glauben, dass ich im Himmel nicht wirklich glücklich wäre, wenn ich nicht anderen geholfen hätte, auch dorthin zu gelangen.

Ich bin überzeugt, dass in der Ewigkeit viele Menschen die Anfänge ihrer Erlösung auf die Fürbitten eines anderen Mitgläubigen zurückverfolgen können. Ich möchte dies kurz durch eine Erfahrung illustrieren, die wir hier in Kalifornien in unserer Nachbarschaft machten.

Im Januar 1994 erhielt ich einen Anruf von einem adventistischen Pastor. Er sprach mit mir über eine seiner Gemeinden, die in der Vergangenheit einmal sehr floriert hatte, nun aber aufgelöst werden sollte. Es waren nur noch fünfundzwanzig Mitglieder übrig, die meisten davon sehr betagt. Die vernünftigste Lösung schien, sie einer anderen nur wenige Meilen entfernten Gemeinde anzugliedern. Der Pastor berichtete, die evangelistische Veranstaltung, die diese Gemeinde gerade durchführe, hätte das Interesse der Menschen aus der Nachbarschaft nicht wecken können, obwohl sie sehr viele hübsch gestaltete Einladungen verteilt hätten. Wenn ich mich recht entsinne, hatten darauf nur zwei Personen reagiert.

Der Pastor hatte gemeinsam mit dem Evangelisten beschlossen, mit der zuständigen Dienststelle über die Auflösung der Gemeinde zu sprechen, doch zuvor wollten sie mich anrufen und fragen, was ich darüber dachte. Ich spürte die große Dringlichkeit und Notwendigkeit ernsthafter Gebete. Meine Antwort war, dass ich sehr gerne mit dem Herrn im Gebet über ihr Problem spräche. Ich bat den Pastor, einige der von ihm genannten Fakten sowie eine Liste der Mitglieder seiner Gemeinde und ein paar weitere Details aufzuschreiben und sie mir so schnell wie möglich zukommen zu lassen, damit ich dem Herrn im Gebet alles vorlegen könnte. Um zehn Uhr morgens am nächsten Tag hielt ich die gewünschten Informationen in den Händen.

Ich begann eindringlich für das ewige Wohl der Menschen zu beten, die im Umkreis dieser Gemeinde wohnten. Ich bat den Herrn, ihnen die Verdienste von Golgatha zuzurechnen, und ich bat um den Heiligen Geist für sie, dass er ihnen den Wunsch und die Kraft schenke, diese Gemeinde zu besuchen und dort die wichtige Wahrheit für unsere Zeit zu hören.

Auf einmal kamen die Menschen, mit jenen Einladungen in der Hand, und die Evangelisationsveranstaltung konnte weitergeführt werden. Als Resultat unserer gemeinsamen Fürbitten ließen sich fünfzehn Personen taufen und schlossen sich der Gemeinde an. Es gab viele Beweise dafür, dass hier der Heilige Geist wirkte. Heute ist diese kleine Gemeinde lebendig und fröhlich im Herrn, und bald werden größere Dinge geschehen, wenn der Geist Gottes sie weiterhin segnet. Welch eine schöne Erfahrung der Erlösung!

Ich brauche einen Beweis

Erst kürzlich erhielt ich einen Brief von einer Frau, die seit achtundfünfzig Jahren Adventistin ist. Ihr Brief enthält so viele interessante Aspekte, dass ich ihn hier zitieren möchte:

Lieber Bruder Morneau,

ich habe einen dringenden Wunsch. Bitte beantworte diesen Brief persönlich, denn ich brauche den Beweis, dass du wirklich existierst und dass du tatsächlich die Erfahrungen gemacht hast, über die du geschrieben hast. Ich habe drei deiner Bücher geschenkt bekommen. Sie zu lesen hat mein Leben verändert. Ich bin seit achtundfünfzig Jahren Adventistin, aber ich fühle mich durch die Botschaft, die du vermittelst, geistlich wie neugeboren.

Ich erlebe jetzt, dass ich gewaltige Gebetserfahrungen machen darf, wo ich mich auf das Blut Christi berufe, gewissermaßen als Anrecht darauf, dass mein Erlöser mich erhört. Welch mächtiges Schild wir gegen die Quelle des Bösen haben! Ich bete auf diese Weise für meinen Sohn, der Atheist geworden ist, und bete, dass seine Sünden vergeben werden mögen, damit der Heilige Geist sein Herz erweicht und er die Stimme Gottes hören kann.

Seine Frau hat gerade deinen ersten Band von Nicht zu fassen *ausgelesen, und nun vereinen wir unsere Fürbitten. (…) Mein Sohn glaubt, dass Dämonen in den Bereich der Märchen gehörten und dass es keinen Gott gäbe. Er besuchte adventistische Schulen und ist heute praktizierender Arzt. Seine Zweifel entwickelten sich während seiner Studienzeit, und wir haben nie eine schlüssige Erklärung dafür gefunden. Er sollte erfahren, dass es dich wirklich gibt.*

Ich führe eine Gebetsliste mit etwa zwanzig Namen. Ich habe bereits einige bemerkenswerte Gebetserfahrungen in Bezug auf diese Personen gemacht. Ich kann die Freude gar nicht in Worte fassen, die mich erfüllt, seit ich von deinen Gebetserfahrungen las. Ich habe Freude am Bibelstudium, am Beten und daran, den Tag über vertrauensvoll mit Gott zu reden.

Dieser Brief ist ein gutes Beispiel für gläubige, hingebungsvolle und engagierte Eltern, die Zeit, Mühe und die besten Jahre ihres Lebens investierten, um ihrem Sohn oder ihrer Tochter zu ermöglichen, einen soliden Beruf zu erlernen und geachtete Persönlichkeiten zu werden, die sich für das Gute einsetzen. Kein Wunder also, dass sie schockiert sind, wenn sie eines Tages feststellen, dass ihre erwachsenen Kinder das Interesse an Dingen verloren haben, die ewigen Wert haben.

Eine solche Erfahrung ist für manche Eltern so niederschmetternd, dass sie in Gram versinken und sich scheinbar nie wirklich davon erholen. Mehrere Menschen haben mir dies beschrieben und baten um Fürbitte.

In den vergangenen Monaten erhielt ich sehr viele Anfragen von Eltern, die um meine Gebete für einen Sohn oder eine Tochter baten, die an einer adventistischen Hochschule oder Universität ihren Glauben an Gott völlig verloren hatten. Viele von ihnen fragten sich, wie so etwas in einer adventistischen Einrichtung überhaupt geschehen könne.

Als ich ihnen dann schrieb, warum dies so sei und dass mir diese Tatsache schon seit achtundvierzig Jahren bekannt sei, fragten sie, warum ich denn nie in einem meiner Bücher davon berichtet hätte. Ich will das hiermit tun und gebe dazu meine Antwort wieder, die ich damals an die Absenderin des oben zitierten Briefes schickte.

Liebe Schwester Baker,

dein Brief vom 22. November ist gestern bei mir eingetroffen. Nach mehrmaligem Lesen habe ich ihn sofort Gott im Gebet vorgelegt. Anstatt den Brief auf meinen Stapel zu legen und ihn zu beantworten, wenn er an der Reihe ist, sehe ich mich veranlasst, ihn sofort zu behandeln, denn du schreibst gleich im ersten Absatz: „Ich habe einen dringenden Wunsch. Bitte beantworte die-

sen Brief persönlich, denn ich brauche den Beweis, dass du wirklich existierst und dass du tatsächlich die Erfahrungen gemacht hast, über die du geschrieben hast." Hilda, seit siebenundvierzig Jahren meine Frau, kann bezeugen, dass ich ihr vor unserer Heirat im Herbst 1947 von meiner Verbindung zu Satansanbetern erzählt und sehr ausführlich meine Gespräche mit dämonischen Geistern beschrieben habe, so wie ich es in meinem Buch Eine Reise in die Welt des Übernatürlichen[1] erwähnt habe. Darüber hinaus freue ich mich, dir mitteilen zu können, dass Cyril und Cynthia Grossé, die mir in Montreal im Herbst 1946 innerhalb einer Woche achtundzwanzig Bibelstunden gegeben haben, noch leben und gesund und munter sind. Sie waren viele Jahre lang Lehrer an öffentlichen Schulen in Los Angeles und sind jetzt im Ruhestand hier in Kalifornien.

Cyril erlebte in meiner Wohnung selbst, wie Geister nach Mitternacht an meine Türen klopften und versuchten, den Kontakt zu mir wieder aufzunehmen. Das geschah über einen Zeitraum von sechs Monaten, nachdem ich mein Leben Jesus übergeben hatte. Ich muss hinzufügen, dass Cyril es mit der Angst zu tun bekam, als er erkannte, dass sich hier nicht etwa ein paar Witzbolde einen Scherz erlaubten, sondern dass sich uns eine mächtige übernatürliche Präsenz bemerkbar machte.

Es freut mich zu lesen, dass meine drei Bücher dazu beigetragen haben, dass der Heilige Geist dein Glaubensleben segnet. Deine Worte „Ich bin seit achtundfünfzig Jahren Adventistin, aber ich fühle mich (...) geistlich wie neugeboren" zeigen mir, dass die Macht der Erlösung und Gottes reiche Segensströme in deinem Leben wirken und dass du deinerseits für andere zum Segen wirst. Es tut mir leid zu erfahren, dass dein Sohn Atheist geworden

---

[1] Vgl. Roger Morneau, *Im Bann des Bösen*, Zürich 2017.

ist, obwohl er eine adventistische Schulbildung genoss. Du erwähntest, dass er ein praktizierender Arzt ist und dass dieser Prozess während seiner Zeit an der medizinischen Fakultät stattfand. Du schriebst: „Mein Sohn glaubt, dass Dämonen in den Bereich der Märchen gehörten und dass es keinen Gott gäbe."

Ich bin fest davon überzeugt, dass Satan und die gefallenen Engel deinen Sohn mit geistlicher Blindheit geschlagen haben. Ich hörte 1946 einen spiritistischen Priester erzählen, dass einige von Satans Engeln darauf spezialisiert seien, den christlichen Glauben junger Erwachsener, die an den besten christlichen Universitäten studieren, zu zerstören. Er erzählte, wie sogenannte Geistberater, die er häufig auch als Götter bezeichnete, die Verantwortung hätten, jedem Studenten dieser Institutionen einen gefallenen Engel zuzuweisen. Außergewöhnlich talentierte junge Leute erhielten manchmal zeitweise sogar zwei gefallene Engel. Und sei ein junger Erwachsener entschlossen, nach Erwerb seiner Qualifikation ganz zur Ehre des Schöpfergottes zu leben, errege das die Wut des Geistberaters ganz besonders. Auch eine solche Person erhält zwei gefallene Engel.

Mir fehlen die Worte, um das volle Ausmaß seiner Arroganz zu beschreiben, das Prahlen und seine Verehrung demgegenüber, den sie als „den großen Meister" bezeichneten – namentlich Satan. Die Mitglieder dieser Geheimgesellschaft beteten Satans Verstand an. Die Augen und das ganze Gesicht des Hohepriesters spiegelten seine Begeisterung wider, als er vom Fall der Menschheit sprach, von Satans Fähigkeit, das Vertrauen des ersten Paares in ihren Schöpfer so stark zu erschüttern, dass sie kein Vertrauen in Gottes Worte mehr hatten. Er meinte, dass es von diesem Tag an zur menschlichen Natur gehörte, zu zweifeln und Gott zu misstrauen. Jener spiritistische Priester machte sich über Männer und Frauen von heute und deren

Wissen lustig. Er bezeichnete Wissenschaftler und andere hochgebildete Fachleute als kümmerliche Sterbliche, die durch ihr vieles Wissen kopflastig würden und wie faule Eichen umstürzten, wenn Satan ihr Vertrauen in ihren Schöpfer erschütterte.

An dieser Stelle möchte ich erwähnen, dass mich in den vergangenen vier Jahren sehr viele Briefe von Ehefrauen erreicht haben, die mit adventistischen Akademikern verheiratet sind, die ihren Glauben an Gott verloren haben. Manche sind noch viel weiter gegangen und haben ihren Frauen und Kindern die unchristlichsten Dinge angetan. Einige haben sich scheiden lassen und das Rechtssystem in einer Weise verdreht, dass ihre Frauen und Kinder kaum in der Lage sind, finanziell ihr Leben zu bestreiten. Manche der Geschiedenen mussten wieder bei ihren Eltern einziehen, um überleben zu können.

Auch Eltern haben mir geschrieben, um meine Fürbitten für ihre Kinder zu erbeten, Akademiker, die an adventistischen Universitäten ausgebildet wurden und dann ihren Weg verloren haben. Ohne Christus in ihrem Leben wurden diese erwachsenen Kinder sehr gottlos und pflegen ohne schlechtes Gewissen einen ehebrecherischen und unchristlichen Lebenswandel. Fast alle diese Briefe enthalten dieselbe Frage: „Wie konnte das nur unseren Kindern passieren? Wir haben sie doch auf die besten adventistischen Hochschulen und Universitäten geschickt."

Viele dieser Eltern klagten, sie könnten sich nie wieder von solch einer erschütternden Erfahrung erholen. Der Brief eines adventistischen Vaters drückte unendlich viel Kummer und Enttäuschung darüber aus, dass sein Sohn jeglichen Glauben an Gott verloren hätte und jetzt ohne Rücksicht auf christliche Prinzipien lebe. Er schrieb: „Meine Frau und ich haben viele Jahre lang hart gearbeitet und uns viele Dinge versagt, um unserem Sohn zu ermöglichen, ein Studium an einer unserer medizinischen Fakul-

täten zu absolvieren. Rückblickend wäre es besser gewesen, all dieses Geld für die Mission zu spenden und unseren Sohn stattdessen an eine örtliche Berufsschule zu schicken, wo er Automechaniker, Schweißer oder Maurer hätte werden können. Auf diese Weise hätte er seinen Glauben an Christus und seine Freude angesichts der baldigen Wiederkunft bewahrt."

Auch wenn ich mich in ihn hineinversetzen kann, glaube ich doch nicht, dass dies den Glauben seines Sohnes hätte retten können. Wenn alle adventistischen Eltern plötzlich dächten, sie sollten ihre Kinder nicht mehr an adventistische Hochschulen und Universitäten schicken, müssten Einrichtungen, die mehr als hundert Jahre lang daran arbeiteten, ihren hohen Exzellenzgrad zu erreichen, ihre Tore schließen. Und das würde nur einen sehr erfreuen: Satan.

Solange unsere Welt besteht, braucht es adventistische Ärzte, Lehrer und viele weitere Akademiker. Und ich kenne einen sicheren Weg, adventistische Studenten durch ihre Ausbildungsjahre zu bringen, ohne dass sie ihren Glauben verlieren. Tatsächlich werden sie damit einen stärkeren Glauben an Gott haben, mehr Hingabe für seinen Dienst, eine festere Gewissheit des ewigen Lebens als an dem Tag, an dem sie zum ersten Mal die Universität betreten haben.

Lass mich aber auf deinen Sohn und seinen geistlichen Zustand zurückkommen. Er mag sich dessen nicht bewusst sein, aber Satan und seine Engel haben seinem geistlichen Leben großen Schaden zugefügt. Wie bereits gesagt, haben sie ihn mit geistlicher Blindheit geschlagen. Ihm fehlt nichts und er genießt sein Leben. Da er fest davon überzeugt ist, seine Ansichten über Gott und Engel seien richtig, werden weder du, ich noch jemand anderes seine Überzeugungen verändern können. Solch ein Versuch würde ihn nur verärgern. Übernatürliche Wesen werden ihm an die Seite gestellt und vertiefen seine Überzeugungen durch entsprechend starke Gefühle. Kein menschliches Wesen kann das ändern. Aber Gott kann es.

Ich möchte mit dir und deiner Schwiegertochter für ihn beten, aber ich müsste dafür seinen Namen kennen. Was er benötigt, ist eine Neuschöpfung seiner geistlichen Anlagen. Zunächst ist es von höchster Bedeutung, Gott darum zu bitten, ihm die Verdienste des Kreuzes für seine Erlösung zu schenken. Es ist notwendig, dass wir dies täglich tun – ohne Ausnahme. Dies wird sofort alle Sünden und Verfehlungen wegwaschen und ihn von aller Ungerechtigkeit reinigen.

Ich schlage dir vor, jeden Tag Matthäus 27,24–54 zu lesen. Dann flehe zu unserem himmlischen Vater, dass Christi Blut Sühne zur Erlösung deines Sohnes bringe, und um den Heiligen Geist, dass er ihm Gnade schenke und seine geistlichen Kämpfe für ihn führe. Wir müssen dafür beten, dass die Kraft „des Geistes des Lebens in Christus Jesus" (Römer 8,2 EB), jene große Kraft, die Lazarus von den Toten auferweckt hatte, das geistliche Leben deines Sohnes wiederherstellt und erneuert. Wir sollten uns dabei bewusst sein, dass in seinem Leben ein mächtiger Kampf zwischen den Kräften des Guten und des Bösen stattfinden wird und dass er derjenige sein wird, der zu entscheiden hat, welche Macht in seinem Leben das Sagen haben soll. Das kann eine Weile dauern, denn Gott wird seine Entscheidungsfreiheit nie aufheben. Doch sollten wir in unserer Fürbitte für ihn nicht nachlassen oder ihn aufgeben. Wir sollten uns davon ermutigen lassen, dass wir einzig durch den Heiligen Geist der Sünde widerstehen und uns von ihr lossagen können. Nur durch ihn können wir ein sieg- und erfolgreiches christliches Leben führen. Und unsere Gebete werden die gleiche große Kraft in das Leben derer bringen, für die wir Fürbitte leisten.

Im Buch Das Leben Jesu *heißt es dazu: „Allein ein ernstes und beharrliches Flehen im Vertrauen zu Gott […]*

kann dazu beitragen, dass Menschen in ihrem Kampf die Hilfe des Heiligen Geistes erfahren. Nur so kann der Kampf ‚gegen die bösen Mächte und Gewalten der unsichtbaren Welt, gegen jene Mächte der Finsternis, die diese Welt beherrschen, und gegen die bösen Geister in der Himmelswelt' (Eph 6,12 NLB) gewonnen werden."[2]

Ich habe gerade noch einmal in deinem Brief gelesen und ich möchte noch auf deine folgende Aussage eingehen: „Ich kann die Freude gar nicht in Worte fassen, die mich erfüllt, seit ich von deinen Gebetserfahrungen las. Ich habe Freude am Bibelstudium, am Beten und daran, den Tag über vertrauensvoll mit Gott zu reden." Ich danke dir für diese ermutigenden Worte, und du sollst wissen, dass es ein Segen für mich ist, auf dein Schreiben zu antworten. Wie du am obigen Datum erkennen kannst, habe ich meine Antwort an dich am 3. Dezember begonnen, und heute ist bereits der 6. Dezember. Es gab etliche Unterbrechungen, aufgrund derer ich meinen Antwortbrief beiseitelegen musste.

Es ist nicht leicht, in diesem Land des Feindes zu leben, in einer Zeit, in der sich die Geschichte ihrem Ende nähert, doch wir haben die Gewissheit, dass Jesus uns durch alles hindurchtragen wird.

Ich würde mich sehr freuen, von Zeit zu Zeit ein paar Zeilen von dir zu lesen. Lass mich wissen, wie der Herr dich segnet. Möge Gott dich weiterhin leiten. Sieh in mir deinen treuen Freund im Gebet. Danke, dass du mich an deinem Leben teilhaben lässt. Möge Gott dich auf wundervolle Weise segnen!

Herzlich
Roger J. Morneau

---

[2] Ellen White, *Der Sieg der Liebe*, S. 416.

Bevor man jedoch einen Aktionsplan ersinnt, der junge Menschen durch ihre Studienjahre an unseren adventistischen Hochschulen und Universitäten führt, ohne dass sie ihr christliches Glaubensleben verlieren, halte ich es für sehr wichtig, dass Eltern zunächst ein klares Verständnis davon entwickeln, was in der übernatürlichen Welt der Geister vor sich geht; nämlich dass gefallene Engel keine unbedeutenden passiven Beobachter sind, sondern entschlossene Feinde motivierter adventistischer Jugendlicher, die den Studenten Gedanken und Bilder eingeben können. Gedanken, die Misstrauen gegenüber Gott und Unglauben erzeugen können. Dazu ein weiteres Zitat:

> Satan bietet seine ganze Kraft auf und wirft all seine Macht in den Kampf. Warum stößt er nicht auf stärkeren Widerstand? Warum sind die Kämpfer Christi so schläfrig und desinteressiert? Weil sie so wenig echte Gemeinschaft mit Christus haben und ihnen sein Geist so sehr fehlt. [...] Sie [...] sind blind für das Wesen und die Macht des Fürsten der Finsternis. [...] Sie wissen nicht, dass ihr Feind ein mächtiger Feldherr ist, der seine gefallenen Engel beherrscht und mit gut ausgearbeiteten Plänen und geschickter Taktik gegen Christus Krieg führt, um die Rettung von Menschen zu verhindern.[3]

Ich bin davon überzeugt, dass adventistische Eltern dem entgegenwirken können, sich vom Charakter und der Macht des Prinzen der Finsternis und seiner Engel blenden zu lassen – jener übernatürlichen Wesen, die darauf hinwirken, die Erlösung ihrer Lieben zu verhindern. Eltern könnten das obige Zitat beispielsweise auswendig lernen und es täglich mehrfach wiederholen. Es würde ihnen die große Dringlichkeit der Situ-

---

[3] Ellen White, *Vom Schatten zum Licht*, S. 462.

ation bewusst machen. Sie würden verstehen, was es bedeutet, dass ihrem Sohn oder ihrer Tochter ein oder gar zwei Engel Satans zugeteilt werden, wenn sie sich an einer adventistischen Hochschule einschreiben. Sie würden dann mit ganzer Hingabe beten, dass Gott ihren Lieben die Verdienste des unendlich kostbaren Blutes Christi zurechne.

Es gibt hier noch einen weiteren wichtigen Faktor zu berücksichtigen. Eltern sollten sich immer vor Augen halten, dass die jungen Erwachsenen, die sie auf eine renommierte adventistische Hochschule oder Universität schicken, so beschäftigt sein werden, dass sie kaum mehr Zeit finden, sich um ihr geistliches Wohl zu kümmern. Sie werden so viele Aufgaben zu erledigen haben und so hohen Anforderungen, sich schnell Wissen anzueignen, gerecht werden müssen, dass Gedanken an Gott und Gebet zur Seite geschoben werden. Ihre gesamte verfügbare Zeit und Energie werden bis auf das Äußerste gefordert sein. Einige werden sich gezwungen sehen, auch Nächte hindurch zu lernen.

Ich hoffe, dass Eltern nun den Ernst der Lage erkennen und begreifen, dass sie im wahrsten Sinne des Wortes „geistliche Krieger" sein müssen, um die Gefahren für den Glauben ihrer geliebten Kinder abzuwenden, während sie damit beschäftigt sind, sich Wissen anzueignen. Eltern werden kraftvolle Gebete sprechen müssen. Gebete, die sich auf das Opfer Christi berufen. Wie einst Jakob, der für die Bewahrung seiner Familie und seiner Hirten vor dem Schwert der Krieger Esaus betete, so sollten auch Eltern alles in ihrer Macht Stehende tun, um das Unglück abzuwenden, sogar bis hin zum Ringen mit Gott:

> Mit Gott ringen – wie wenige wissen, was das bedeutet! Wie wenige haben sich jemals von ganzem Herzen

so ernstlich an Gott gewandt, dass sie alle ihre Kräfte dafür einsetzten. Wenn Wogen der Verzweiflung, die durch keine Sprache zu beschreiben sind, über den Bittenden hinwegrollen, klammern sich nur wenige mit unbeirrbarem Vertrauen an die Verheißungen Gottes.[4]

Nicht zu vergessen Jesus selbst, der für die Menschheitsfamilie Todesängste ausstand. Die Bibel berichtet davon, wie er in Gethsemane leidenschaftlich um die Erlösung der Menschheit rang: „Und er geriet in Todesangst und betete heftiger. Und sein Schweiß wurde wie Blutstropfen, die auf die Erde fielen." (Lukas 22,44) Ein Engel kam vom Himmel, um ihn zu stärken.

Wenn Eltern sichergehen wollen, dass ihre Kinder die höheren Bildungseinrichtungen mit mehr Glauben und Hingabe an Gott und sein Werk und mit größerer Heilsgewissheit verlassen, als sie sie betraten, dann rate ich ihnen, dem Beispiel Christi nachzueifern. Sie sollten für ihre Kinder so intensiv beten, „dass sie alle ihre Kräfte dafür" einsetzen. Durch diese Art des Betens wird der Geist Gottes die Mächte des Bösen zugunsten der Menschen überwältigen, für die wir beten.

Erfüllt mit Dankbarkeit

Wenn wir den Schleier, der uns von der Welt des Übernatürlichen trennt, für einen Tag lüften könnten, würden wir mit ungetrübtem Blick die Wirklichkeit des großartigen Universums Gottes sehen. Wir könnten beobachten, wie die Aufmerksamkeit der himmlischen Welten auf uns gerichtet ist, während sie den großen Kampf zwischen den Mächten des Guten und Bösen verfolgen. Wir würden sehen, wie Luzifer und seine Engel ausgefeilte Pläne mit aller Sorgfalt umsetzen, um unsere ewige Vernichtung zu bewirken. Und gleich-

---

[4] Ebd., S. 567.

zeitig würden wir sehen, wie der Geist Gottes für uns böse Kräfte überwältigt. Wenn wir das alles wahrnehmen könnten, würden wir in kürzester Zeit völlig neue Menschen werden.

Irrtümer, denen Atheisten aufsaßen, würden sich wie Nebel im warmen Sonnenschein auflösen. Unsere Hartherzigkeit, unsere Undankbarkeit, unsere Vernachlässigung des heiligen Wortes Gottes würden sich in eine tiefere Wertschätzung der Liebe Gottes, in ein dankbares Herz für den empfangenen Segen und in eine ganz neue Begeisterung für das Studium des Wortes Gottes verwandeln. Von diesem Tag an würden wir genauer verstehen, was hinter den Kulissen vor sich geht, und würden die Hand Gottes, die uns aus den Klauen des Zerstörers befreit, schneller erkennen. Wir würden die Engel des Herrn, die uns aus gefährlichen Situationen retten, bei der Arbeit sehen und wir würden darüber jubeln, wenn uns Gottes Geist die Gnaden der Erlösung vermittelt.

Doch wir wissen, dass der Schleier nicht eher gelüftet wird, bis Jesus in den Wolken des Himmels wiederkommt. Dennoch können wir die hier beschriebene wunderbare Erfahrung machen, wenn wir im Glauben wandeln. Ein Glaube, der das Herz Gottes erfreut und ihn veranlasst, uns mit den kostbaren Wundern seiner Gnade zu beschenken, während der Heilige Geist uns auf dem Weg der Erlösung weiterführt (vgl. Hebräer 11,6).

Und zuletzt möchte ich vorschlagen: Lasst uns Gott täglich danken, nicht nur für das, was wir erhalten haben, sondern auch für das, vor dem er uns durch seine Gnade bewahrt hat.

„Danket dem HERRN; denn er ist freundlich,
und seine Güte währet ewiglich.
So sollen sagen, die erlöst sind durch den HERRN,
die er aus der Not erlöst hat."

(Psalm 107,1–2)

Weitere Bücher von Roger J. Morneau

Nicht zu fassen, Band 1
Wie Gott Gebete erhört

Paperback, 106 Seiten, 11 x 18 cm,
Advent-Verlag Lüneburg,
Art.-Nr. 1283, Preis: 9,80 €,
Leserkreis: 7,80 €, BoD

Nicht zu fassen, Band 2
Wie Gott Gebete erhört

Paperback, 128 Seiten, 11 x 18 cm,
Advent-Verlag Lüneburg,
Art.-Nr. 1289, Preis: 9,80 €,
Leserkreis: 7,80 €, BoD

Im Bann des Bösen –
Durch Christus befreit

Dieser fesselnde Bericht ist Morneaus erweiterte Autobiografie – ehemals in der Kurzfassung als *Eine Reise in die Welt des Übernatürlichen* veröffentlicht –, gewährt Einblicke in die geheime Welt der Satansverehrung und warnt vor dem verführerischen Reiz des Spiritismus.

Paperback, 272 Seiten, 14 x 21 cm,
Advent-Verlag Zürich
Artikel-Nr.: 312, Preis 18,90 €

Bezugsadressen:

Advent-Verlag Lüneburg: bestellen@advent-verlag.de
Advent-Verlag Zürich: info@advent-verlag.ch
TOP LIFE Wegweiser-Verlag: info@toplife-center.com